내 아이가
좋아하는 옷

대바늘로 만드는 프랑스 아이옷 35

내 아이가
좋아하는 옷

1판 1쇄 발행 2014년 11월 19일 | 1판 5쇄 발행 2017년 11월 20일

지은이 송영예 · 필다르
사장 김재호 | **발행인** 임채청
출판편집인 허엽 | **출판국장** 박성원
콘텐츠비즈팀장 정위용

기획 · 편집 정세영 | **아트디렉터 · 디자인** 김영화
도안디자인 정영경 | **교정** 조창원
펴낸곳 동아일보사 | **등록** 1968.11.9(1-75) | **주소** 서울시 서대문구 충정로 29(03737)
마케팅 02-361-1030~3 | **팩스** 02-361-1041 | **편집** 02-361-0936
홈페이지 http://books.donga.com | **인쇄** 삼성문화인쇄

저작권 ⓒ송영예 · 필다르
편집저작권 ⓒ2014 동아일보사
이 책은 저작권법에 의해 보호받는 저작물입니다.
저자와 동아일보사의 서면 허락 없이 내용의 일부를 인용하거나 발췌하는 것을 금합니다.
제본, 인쇄가 잘못되거나 파손된 책은 구입하신 곳에서 교환해드립니다.

ISBN 979-11-85711-41-6 13590 | **값** 13,800원

대바늘로 만드는 프랑스 아이옷 35

내 아이가
좋아하는 옷

송영예 · 필다르 지음

동아일보사

Prologue

우리 아이는 프렌치 스타일!

소중한 아이가 태어나는 것만큼 기쁜 일이 또 있을까요? 뱃속에 있는 아이의 탄생을 기다리거나 출산을 한 엄마들이라면 공감할 거예요. 백화점에 가도 아이옷만 눈에 들어오죠. 요즘에는 참으로 다양한 아이옷 브랜드들이 나와 있습니다. 해외 아이옷들은 우리가 흔히 보던 디자인이나 색감과 다른 경우가 많아서 여간 탐이 나는 게 아니죠. 특히 프랑스 브랜드의 아이옷은 젊고 패셔너블한 엄마들에게 인기가 많습니다. 내 아이를 세련되게 꾸며주고 싶은 엄마들에게 무척 매력적으로 다가오죠. 하지만 만만치 않은 가격과 금세 쑥쑥 커버릴 아이를 생각하면 쉽게 손이 가지 않습니다.

그런데 유럽 스타일의 아이옷을 더 저렴하게 마련할 수 있다면 어떨까요? 게다가 엄마의 정성까지 가득 담겨 있다면? 유럽의 뜨개질 책이나 잡지를 많이 보고 참고한 저는 비싼 브랜드 옷을 사는 엄마들을 보며 항상 안타까웠답니다. 질 좋은 실과 간단한 방법으로 유명 브랜드 못지않은 아이옷을 마련할 수 있다는 걸 알기 때문이죠.
'내가 알고 있는 정보를 공유하면 더 많은 엄마와 아이들이 행복해질 수 있겠다!' 그런 바람에서 이 책이 시작되었습니다. 『내 아이가 좋아하는 옷』은 제가 오래 전부터 꿈꾸던 책입니다. 손뜨개를 좋아하는 사람이라면 누구나 알고 있을 법한 프랑스 최대 손뜨개 잡지 『필다르Phildar』와의 합작으로 프랑스만의 심플함과 세련됨을 아낌없이 담았죠.

이 책에는 『필다르』에 소개된 아이옷 중 만들기가 간단하면서도 우리나라 사람들이 특히 좋아할 만한 디자인의 옷들만 모았습니다. 각 과정에 수식 도안을 넣어 만들기 방법을 한눈에 확인할 수 있게 했어요. 더욱 좋은 것은 늘림과 줄임 없이 직선뜨기만으로 만들 수 있어 초보 엄마들도 부담 없이 따라 할 수 있다는 겁니다. '이렇게 쉽게 고급스러운 아이옷을 만들 수 있다니!' 하고 놀랄 거예요. 더불어 이렇게 만든 예쁜 옷을 입고 있는 사랑스러운 아이들을 바라보는 재미도 쏠쏠하답니다.

엄마가 만든 스웨터는 촌스럽다고요? 이 책에서 소개한 옷들을 보면 그런 생각이 싹 사라질 거예요. 내 아이도 책 속 아이들처럼 세련되고 고급스러운 '프렌치 시크'로 변신할 수 있답니다. 엄마가 직접 뜬 스웨터를 입어본 사람이라면 그게 아이에게 얼마나 따뜻한 정서와 추억을 선물하는지 알 거예요. 아이와 함께 하는 지금, 소중한 기회를 놓치지 마세요.

송 영 예

CONTENTS

Prologue 우리 아이는 프렌치 스타일! … 004

PART 1 Oh My Lovely Kids!

010
모자와 케이프

016
덧신과 목도리모자

022
모자와 핸드워머

028
조끼와 덧신

036
판초와 목도리

042
모자와 덧신

048
후드 달린 카디건

056
큰 리본 달린 케이프

060
원피스

066
인형과 조끼

072
반팔 풀오버

078
판초

084
우주복과 카디건

090
원피스와 머릿수건

096
판초와 모자

102
망토 카디건

108	114	120	128
목도리와 판초	카디건	카디건 또는 풀오버	덧신과 원피스

134	140	142	148
풀오버	튜닉	리본 달린 민소매티	민소매티

154	160	172	178
아기 보낭과 가랜드	후드 카디건과 목도리	민소매티	풀오버 또는 카디건

186	194	202	210
튜니지 스타일 풀오버	조끼와 반바지	담요와 쿠션	튜닉과 토시

218	226	234
원피스와 덧신	방한모와 숄	멜빵끈 달린 조끼

PART 2
Basic Lesson

손뜨개에 필요한 도구 … 242
초보자를 위한 기초뜨기 … 243

PART 1

Oh My Lovely Kids!

엄마의 정성으로 아이가 빛나는
프랑스 아이옷 만들기

01
모자와 케이프
Bonnet & Cape

동화 『빨간모자』 속 주인공처럼 아이를 위해
귀여운 모자와 케이프를 만들어봐요.
자두처럼 새콤달콤한 색상이 매력적이죠?
큰 단추 하나로 여밀 수 있는
케이프도 앙증맞아요. 모자에는 커다란
품품 방울을 달아서 유머러스하죠.
쌀쌀한 날, 모자와 케이프 세트로 따뜻하면서
스타일리시하게 아이를 꾸며주세요!

미리 보는 뜨개 조직
12개월

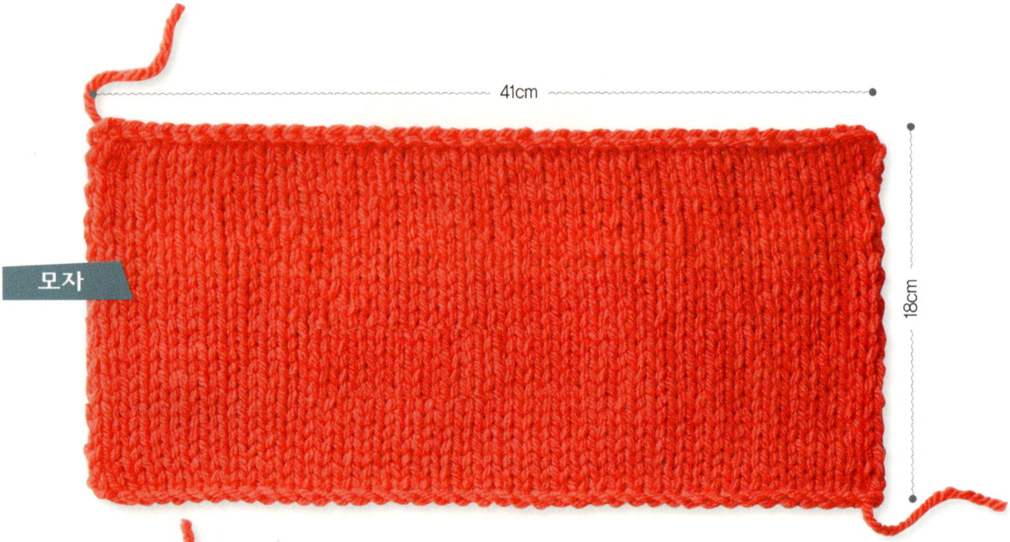

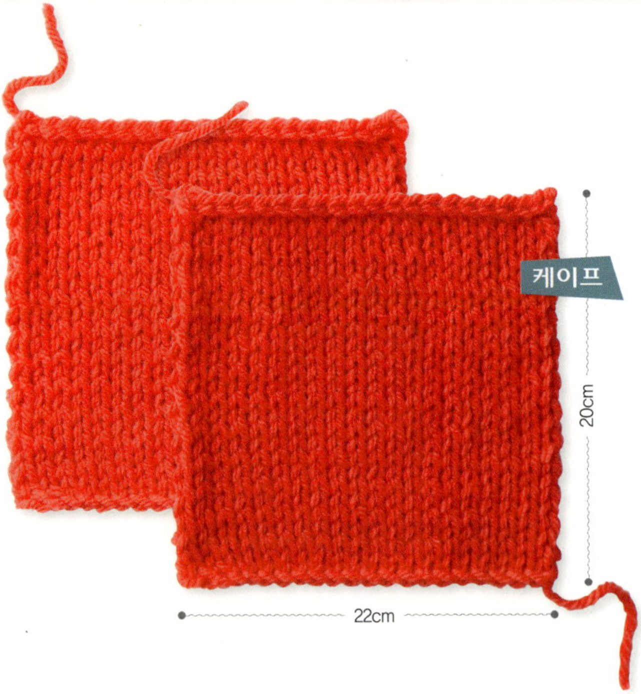

모자 — 41cm × 18cm

케이프 — 22cm × 20cm

How to make

모자

사이즈 12개월
준비물
실: 필다르사의 라피도(RAPIDO : 아크릴 25%, 울 25%, 폴리아미드 50%) 네온핑크(Grenadine) 2볼
대바늘 7mm, 돗바늘 1개, 단추 1개
*게이지 11코 16단

만들기
1. 시작코 45코 잡아 메리야스뜨기로 18cm(28단) 뜬다.
2. 다음 단에서 모든 코를 코막음한다.

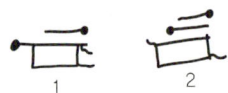

연결하기
1. 실을 정리한다.
2. 점선을 따라 반으로 접은 후 핑크색 봉제선을 따라 돗바늘로 꿰맨다.
3. 윗부분에 코 사이로 실을 통과시켜 주름을 잡는다.
4. 방울을 달아준다.

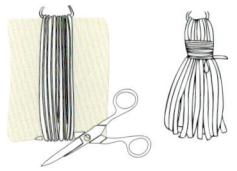

케이프

사이즈 12개월
준비물
실: 필다르사의 라피도(RAPIDO : 아크릴 25%, 울 25%, 폴리아미드 50%) 네온핑크(Grenadine) 2볼
대바늘 7mm, 돗바늘 1개, 단추 1개
*게이지 11코 16단

만들기
1. 시작코 24코를 잡아 메리야스뜨기로 20cm(32단) 뜬다.
2. 다음 단에서 모든 코를 코막음한다.
   같은 방법으로 한 장 더 뜬다.

연결하기
1. 실을 정리한다.
2. 겉면끼리 맞대고 핑크색 봉제선을 따라 꿰맨다.
3. 끝의 7cm는 꿰매지 않고 남겨둔다. → 중심에서 9cm 떨어진 곳의 한쪽에는 단춧고리를 만들고 다른 쪽에는 단추를 달아준다.
4. 단추를 잠그고 칼라를 접는다.

퐁퐁 방울
1. 두꺼운 종이를 9cm 높이로 자른 후 실로 종이를 여러 번 감아준다.
2. 위쪽에서 실을 통과시킨 후 아래쪽에서 실을 자른다. 나온 실로 중앙을 묶은 후 양쪽을 잘라 퐁퐁의 길이를 다듬는다.
3. 퐁퐁 방울을 모자 위쪽에 달아준다.

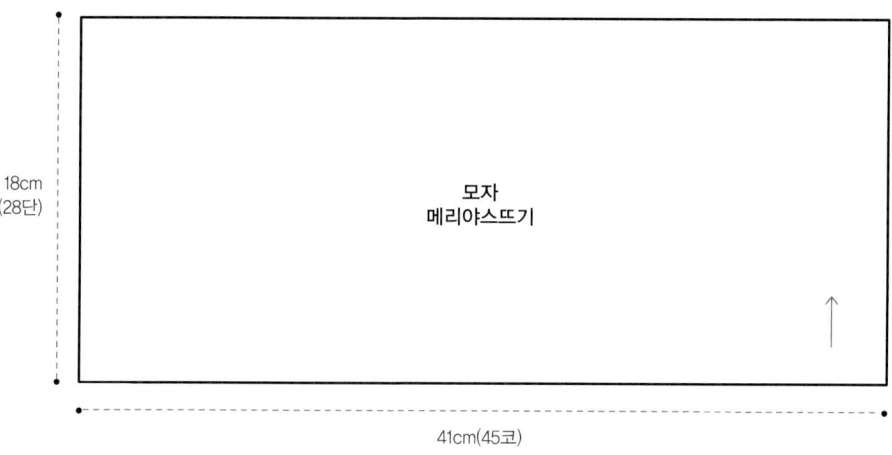

18cm
(28단)

모자
메리야스뜨기

41cm(45코)

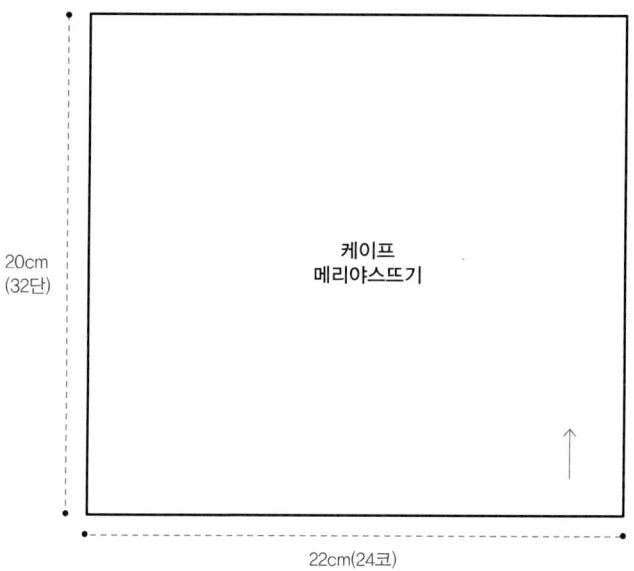

20cm
(32단)

케이프
메리야스뜨기

22cm(24코)

02
덧신과 목도리모자
Chaussons & Bonnet-écharpe

아기를 위해 따뜻한 덧신과 목도리모자를 만들어보세요.
미니 부츠 느낌으로 발목까지
올라오는 덧신은 쉽게 벗겨지지 않고
다리까지 따뜻하게 감싸줘요. 목도리모자는 모자에
목도리가 달려 있어서 아기에게 씌우기 정말 편리해요.
강추위에도 아기들을 보호해줄 수 있는 풀세트!

미리 보는 뜨개 조직

12개월

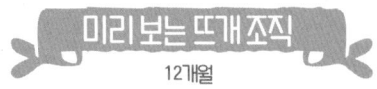

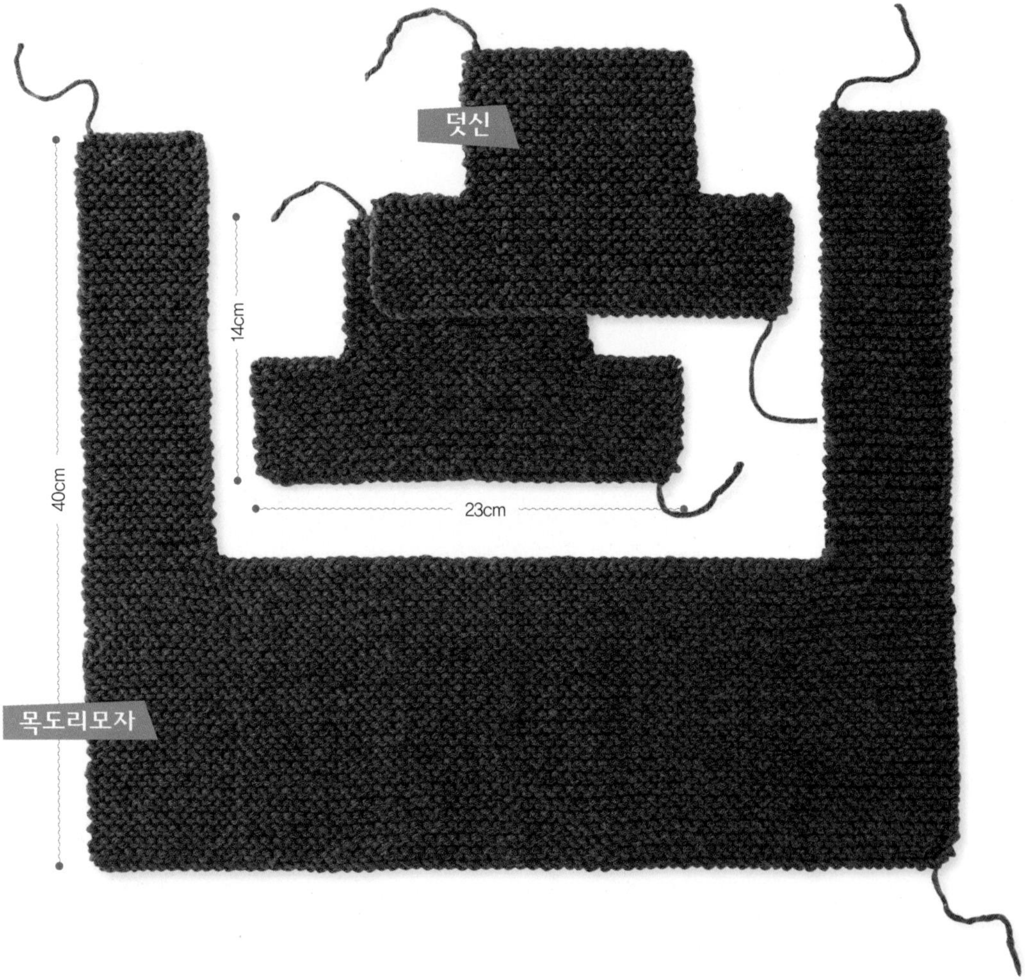

덧신
14cm
23cm
40cm
목도리모자

How to make

덧신

사이즈 12개월

준비물

실 : 필다르사의 파트너 6(PARTENER 6 : 나일론 50%, 울 25%, 아크릴 25%) 다크 그레이(Minerai) 1볼
대바늘 6mm, 돗바늘 1개, 단추 6개
*메리야스 게이지 15코 21단, 가터뜨기 게이지 15코 30단

만들기

1. 시작코 35코를 잡아 가터뜨기로 6.5cm(20단) 뜬다.
2. 다음 단에서 처음 8코는 코막음을 하고, 남은 코는 끝까지 뜬다.
3. 다음 단에서 처음 8코는 코막음을 하고, 남은 코는 끝까지 뜬다.
4. 바늘에 남아 있는 19코를 가지고 높이가 7.5cm(22단) 될 때까지 뜬다.
5. 다음 단에서 모든 코를 코막음한다.
6. 위와 같은 방법으로 덧신을 한 개 더 뜬다.

연결하기

1. 실을 정리한다.
2. 덧신을 반으로 접은 후 돗바늘로 꿰맨다.
   (같은 색으로 된 봉제선끼리 꿰맨다.)
3. 점선을 따라 코 사이로 실을 통과시킨 후 실을 당겨 주름을 잡아 고정한다.
4. 단추를 달아준다.

목도리모자

사이즈 12개월

준비물

실 : 필다르사의 파트너 6(PARTENER 6 : 나일론 50%, 울 25%, 아크릴 25%) 다크 그레이(Minerai) 2볼
대바늘 6mm, 돗바늘 1개
*메리야스 게이지 15코 21단, 가터뜨기 게이지 15코 30단

만들기

1. 시작코 75코를 잡아 가터뜨기로 16cm(48단) 뜬다.
2. 다음 단에서 처음 11코를 뜨고, 다음 53코는 코막음을 하고, 마지막 11코를 가지고 높이가 24cm(72단) 될 때까지 뜬다.
3. 다음 단에서 남은 11코를 코막음한다.
4. 다른 바늘에 남아 있는 11코를 가지고 높이가 24cm(72단) 될 때까지 뜬다.
5. 다음 단에서 11코를 코막음한다.

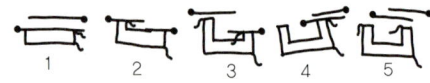

연결하기

1. 실을 정리한다.
2. 중앙의 점선을 따라 반으로 접은 후 돗바늘로 꿰맨다.

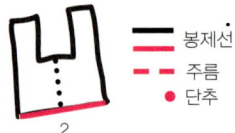

— 봉제선
-- 주름
● 단추

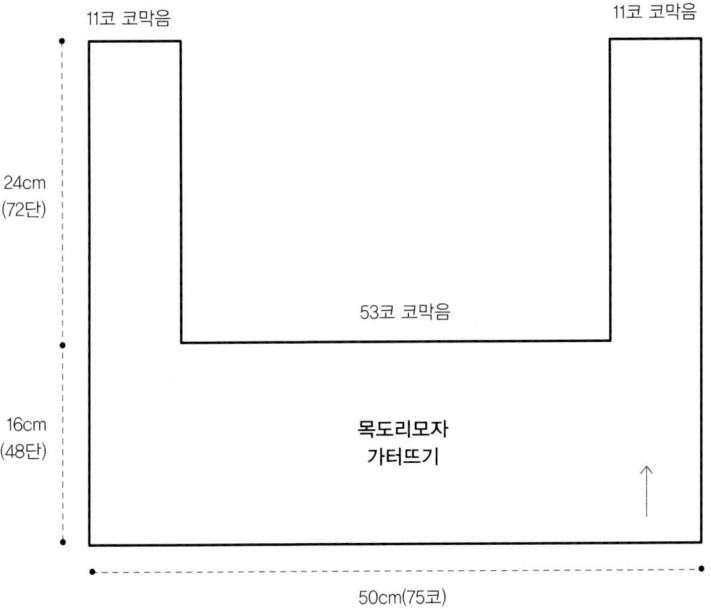
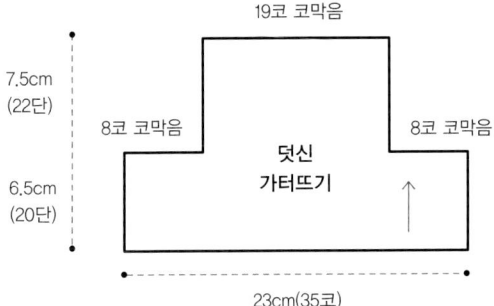

03
모자와 핸드워머
Bonnet & Mitaines

개성만점 야옹이 세트!
단순한 모자에 고양이 얼굴을
수놓는 것만으로 하나밖에 없는
매력적인 모자가 탄생해요.
양끝에는 술 달린 끈을 달아 더욱 귀엽죠.
여기에다 아기 손을 따뜻하게 감싸는
핸드워머까지 더하면 바깥나들이도 걱정 없어요.

미리 보는 뜨개 조직
12개월

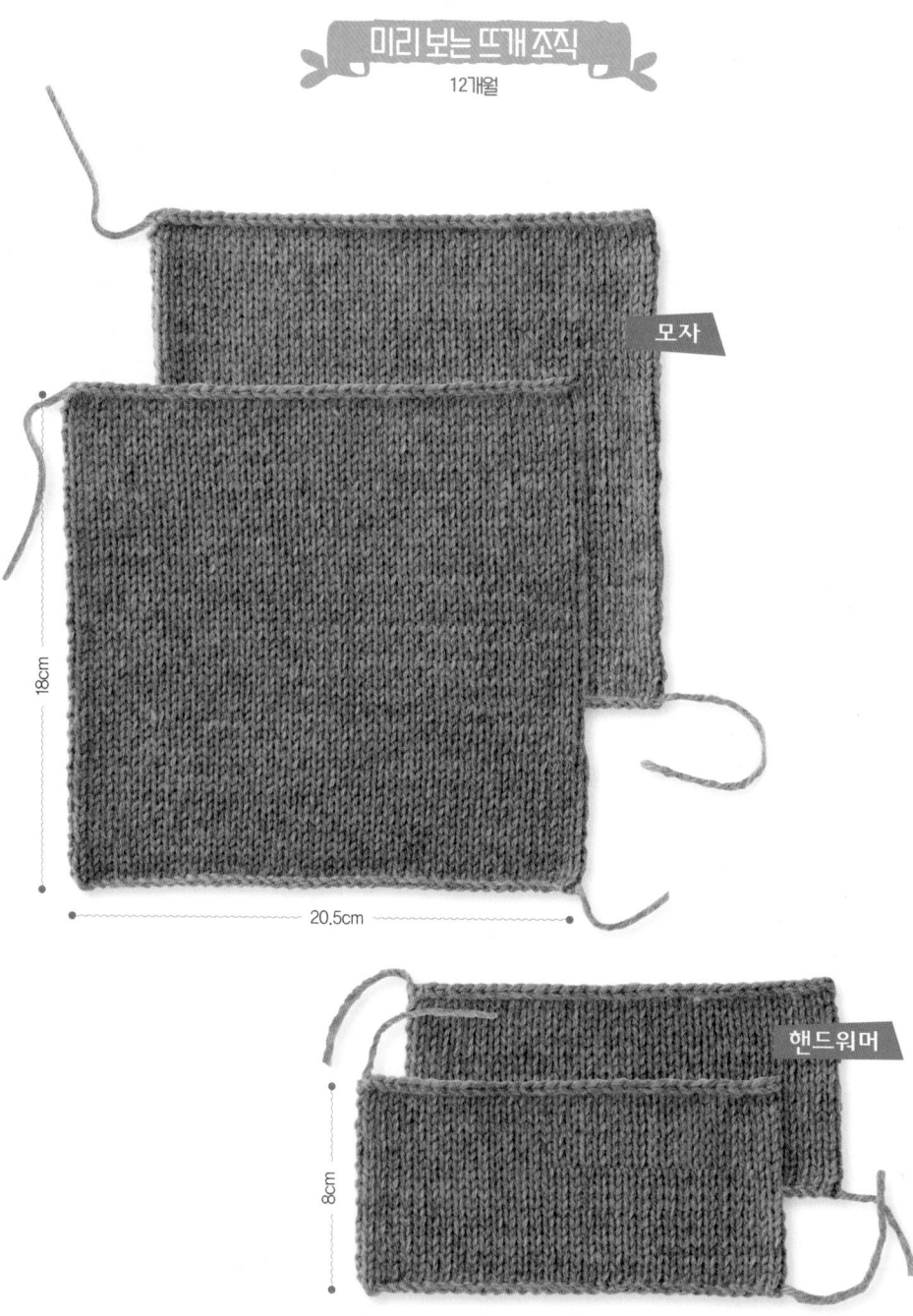

How to make

모자

사이즈 12개월

준비물
실 : 필다르사의 파트너 3.5(PARTENER 3.5 : 나일론 50%, 울 25%, 아크릴 25%) 라이트 그레이(Acier) 1볼, 다크 그레이(Minerai) 1볼
대바늘 3.5mm, 돗바늘 1개
*게이지 23코 30단

만들기
1. 시작코 47코를 잡아 메리야스뜨기로 18cm(54단) 뜬다.
2. 다음 단에서 모든 코를 코막음한다. 같은 방법으로 한 장 더 뜬다.

연결하기
1. 실을 정리한다.
2. 고양이의 눈, 코, 입은 메리야스 스티치로 수놓고, 수염은 아우트라인 스티치로 수놓는다.
3. 2장을 겉면끼리 맞대고 같은 색상의 봉제선끼리 돗바늘로 꿰매어준다.
4. 20cm 길이로 딴은 두 끈을 모자의 양쪽 아래에 고정한다. 모자의 2겹에 바늘을 한꺼번에 통과시켜서 러닝 스티치로 고양이의 귀를 수놓는다.

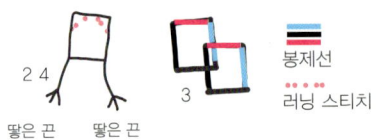

땋은 끈 (54 페이지 참고)
라이트 그레이색 실 3올씩 3개(총 9올)로 머리 땋는 방법으로 땋은 후, 모자에 꿰매어준다.

핸드워머

사이즈 12개월

준비물
실 : 필다르사의 파트너 3.5(PARTENER 3.5 : 나일론 50%, 울 25%, 아크릴 25%) 라이트 그레이(Acier) 1볼
대바늘 3.5mm, 돗바늘 1개
*게이지 23코 30단

만들기
1. 시작코 37코를 잡아 메리야스뜨기로 8cm(24단) 뜬다.
2. 다음 단에서 모든 코를 코막음한다. 같은 방법으로 한 장 더 뜬다.

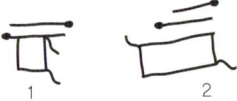

연결하기
1. 실을 정리한다.
2. 각각의 핸드워머를 반으로 접는다.
3. 그림과 같이 돗바늘로 꿰매어준다. 1.5cm는 엄지손가락을 위해 꿰매지 않고 남긴다.

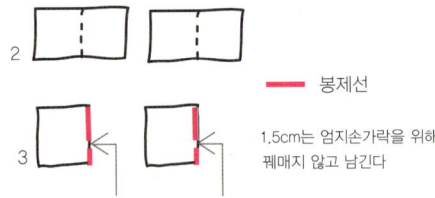

1.5cm는 엄지손가락을 위해 꿰매지 않고 남긴다

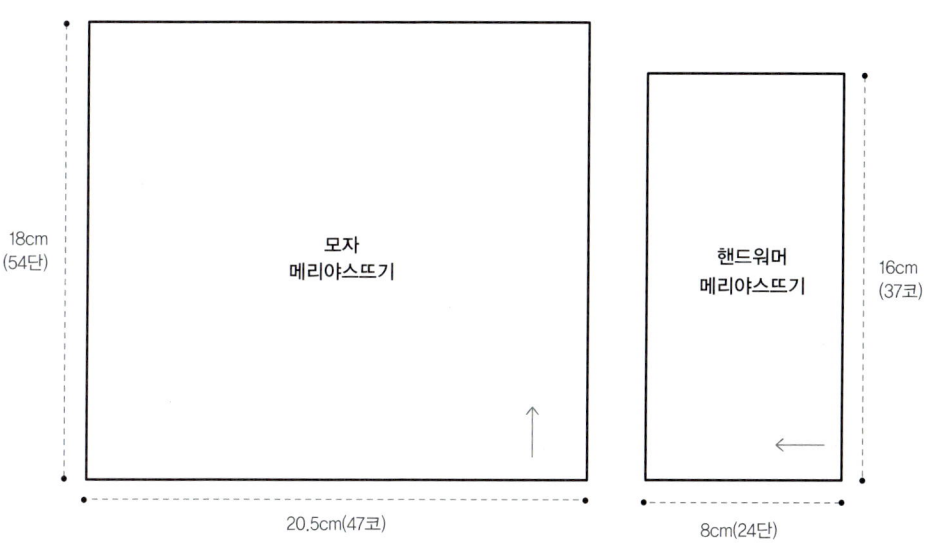

18cm
(54단)

모자
메리야스뜨기

20.5cm(47코)

핸드워머
메리야스뜨기

16cm
(37코)

8cm(24단)

고양이 얼굴 자수놓기

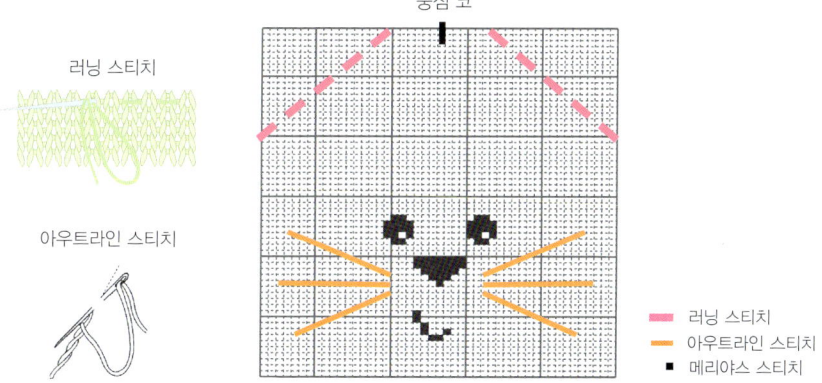

러닝 스티치

아우트라인 스티치

중심 코

■ 러닝 스티치
■ 아우트라인 스티치
■ 메리야스 스티치

04
조끼와 덧신
Gilet & Chaussons

심플하지만 가터뜨기로 포인트를 살려서
세련된 디자인으로 완성한 조끼.
소매는 약간 내려오고 맨 위에
단추를 하나 달아서 귀엽게 마무리해요.
덧신은 발목을 감싸는 끈을 달아서
마치 메리제인슈즈 같아요.
밝은 분홍색으로
아기가 더욱 사랑스러워질 거예요.

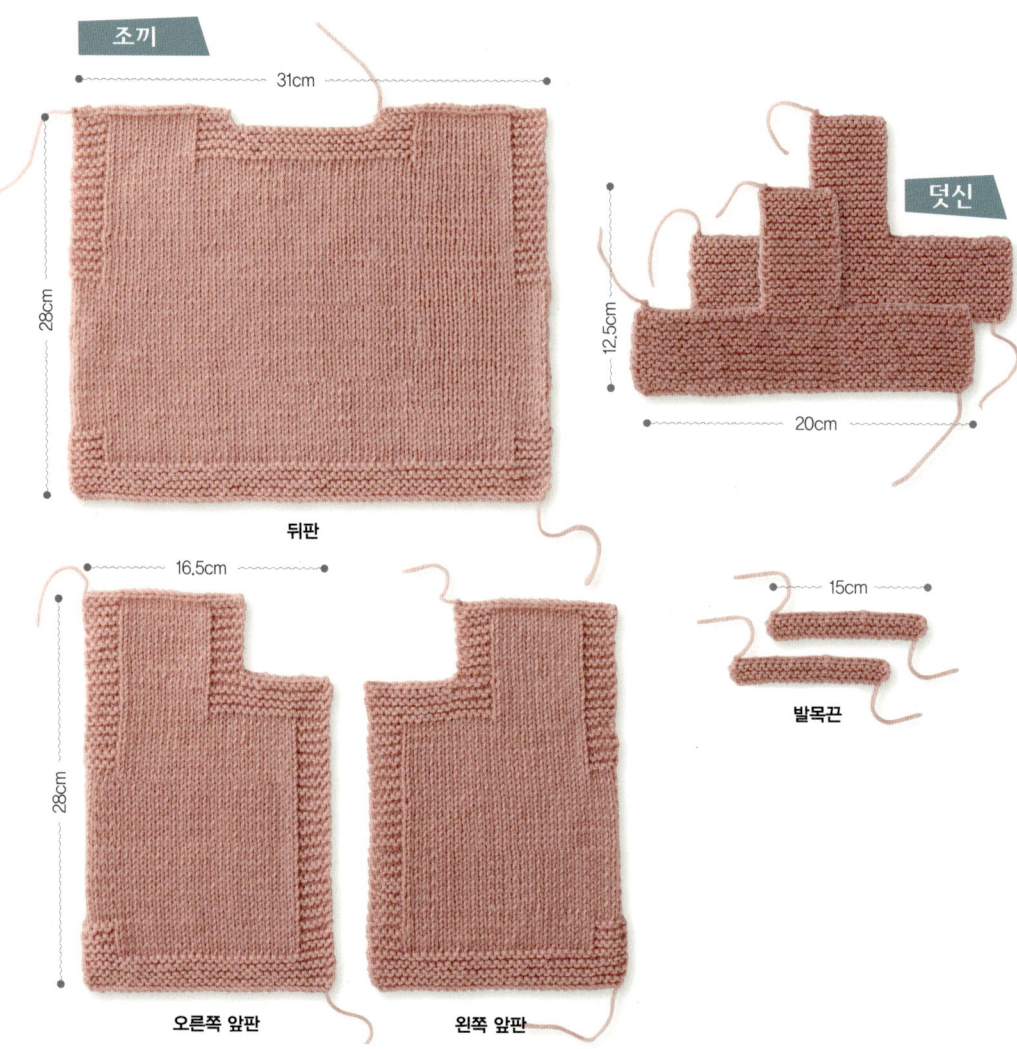

How to make

조끼

사이즈 12개월

준비물

실: 필다르사의 파트너 3.5(PARTENER 3.5 : 나일론 50%, 울 25%, 아크릴 25%) 라이트 핑크(Rose) 2볼
대바늘 3.5mm, 돗바늘 1개, 단추 1개
*메리야스 게이지 23코 30단, 가터뜨기 게이지 23코 40단

만들기

뒤판

1. 시작코 70코를 잡아 가터뜨기로 2cm(8단) 뜬다.
2. 다음 단에서 5코는 가터뜨기로 뜨고, 60코는 메리야스뜨기로, 마지막 5코는 가터뜨기로 뜬다.
3. 전체 높이가 4cm(16단)가 되면 모든 코를 메리야스뜨기를 한다.
4. 전체 높이가 16cm(52단)가 되면 5코는 가터뜨기로 뜨고, 60코는 메리야스뜨기로, 마지막 5코는 가터뜨기로 뜬다.
5. 전체 높이가 25cm(78단)가 되면 5코는 가터뜨기로 뜨고, 13코는 메리야스뜨기로, 다음 34코는 가터뜨기로, 다음 13코는 메리야스뜨기로, 마지막 5코는 가터뜨기로 뜬다.
6. 전체 높이가 27cm(86단)가 되면 처음 23코(가터 5코, 메리야스 13코, 가터 5코)는 뜨고, 다음 24코는 코막음하고, 마지막 23코(가터 5코, 메리야스 13코, 가터 5코)는 뜬다. 마지막 23코를 가지고 높이가 1cm(4단) 될 때까지 이어 뜬다.
7. 다음 단에서 23코를 코막음한다.
8. 바늘에 쉼코로 걸려 있는 23코를 가지고 높이가 1cm(4단) 될 때까지 뜬다.
9. 다음 단에서 모든 코를 코막음한다.

왼쪽 앞판

1. 시작코 38코를 잡아 가터뜨기로 2cm(8단) 뜬다.
2. 다음 단에서 5코는 가터뜨기로 뜨고, 28코는 메리야스뜨기로, 마지막 5코는 가터뜨기로 뜬다.
3. 전체 높이가 4cm(16단)가 되면 33코는 메리야스뜨기로, 마지막 5코는 가터뜨기로 뜬다.
4. 전체 높이가 16cm(52단)가 되면 5코는 가터뜨기로 뜨고, 28코는 메리야스뜨기로, 마지막 5코는 가터뜨기로 뜬다.
5. 전체 높이가 21cm(67단)가 되면 5코는 가터뜨기로 뜨고, 13코는 메리야스뜨기로, 다음 20코는 가터뜨기로, 높이가 2cm(8단) 될 때까지 뜬다.
6. 한 단을 더 뜬다.(뜨개 조직의 안쪽 면이 본인 앞으로 오게 한다.)
7. 다음 단에서 처음 15코는 코막음하고, 남은 코는 계속해서 이어 뜬다.(가터 5코, 메리야스13코, 가터 5코)
8. 전체 높이가 28cm(90단)가 되면 모든 코를 코막음한다.

How to make

오른쪽 앞판

1. 시작코 38코를 잡아 가터뜨기로 2cm(8단) 뜬다.
2. 다음 단에서 5코는 가터뜨기로 뜨고, 28코는 메리야스뜨기로, 마지막 5코는 가터뜨기로 뜬다.
3. 전체 높이가 4cm(16단)가 되면 5코는 가터뜨기로, 남은 33코는 메리야스뜨기를 한다.
4. 전체 높이가 16cm(52단)가 되면 5코는 가터뜨기로 뜨고, 28코는 메리야스뜨기로, 마지막 5코는 가터뜨기로 뜬다.
5. 전체 높이가 21cm(67단)가 되면 20코는 가터뜨기로 뜨고, 13코는 메리야스뜨기로, 다음 5코는 가터뜨기로 뜬다.
6. 전체 높이가 23cm(75단)가 되면 처음 15코는 코막음하고, 남은 코는 계속해서 이어 뜬다.(가터 5코, 메리야스 13코, 가터 5코)
7. 전체 높이가 28cm(90단)가 되면 모든 코를 코막음한다.

연결하기

1. 실을 정리한다.
2. 같은 색의 봉제선끼리 돗바늘로 꿰맨다.
3. 오른쪽 앞판에 코 사이를 벌려 단춧구멍을 만들어준다.
4. 왼쪽 앞판에 단추를 달아준다.

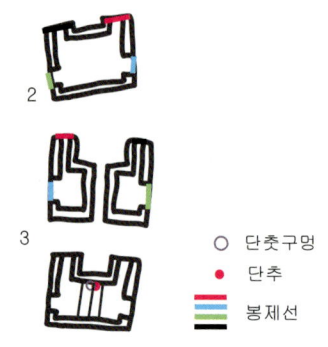

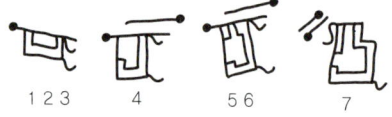

○ 단춧구멍
● 단추
▬ 봉제선

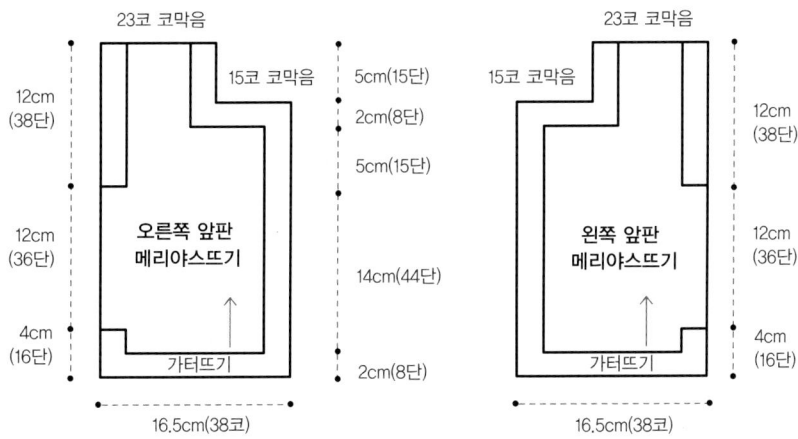
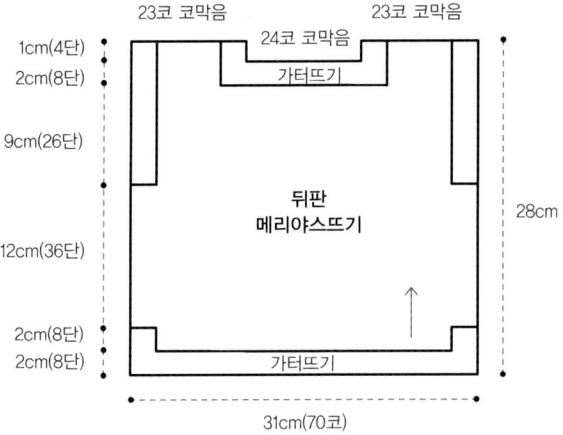

How to make

덧신

사이즈 12개월

준비물
실 : 필다르사의 파트너 3.5(PARTENER 3.5 : 나일론 50%,
울 25%, 아크릴 25%) 라이트 핑크(Rose) 1볼
대바늘 3.5mm, 돗바늘 1개, 단추 2개, 스냅단추 4개
*가터뜨기 게이지 23코 40단

만들기

덧신
1. 시작코 45코를 잡아 가터뜨기로 5cm(20단) 뜬다.
2. 다음 단에서 처음 17코는 코막음하고, 남은 코는 끝까지 뜬다.
3. 다음 단에서 처음 17코는 코막음하고, 남은 코는 끝까지 뜬다.
4. 남아 있는 11코로 높이 7.5cm(30단)가 될 때까지 계속해서 이어 뜬다.
5. 다음 단에서 모든 코를 코막음한다.
6. 같은 방법으로 덧신을 한 장 더 뜬다.

발목끈
1. 시작코 34코를 잡아 가터뜨기로 1cm(4단) 뜬다.
2. 다음 단에서 모든 코를 코막음한다.
3. 같은 방법으로 발목끈을 한 장 더 뜬다.

연결하기
1. 실을 정리한다.
2. 같은 색의 봉제선끼리 돗바늘로 꿰맨다.
3. 발목끈의 안면 양쪽에 스냅단추를 꿰매고, 스냅단추 달린 겉면에 장식용 단추를 꿰매어 달아준다.

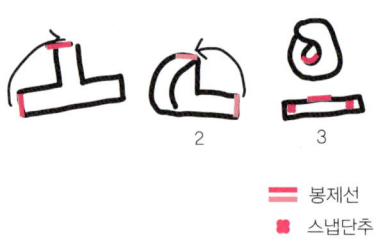

━ 봉제선
■ 스냅단추

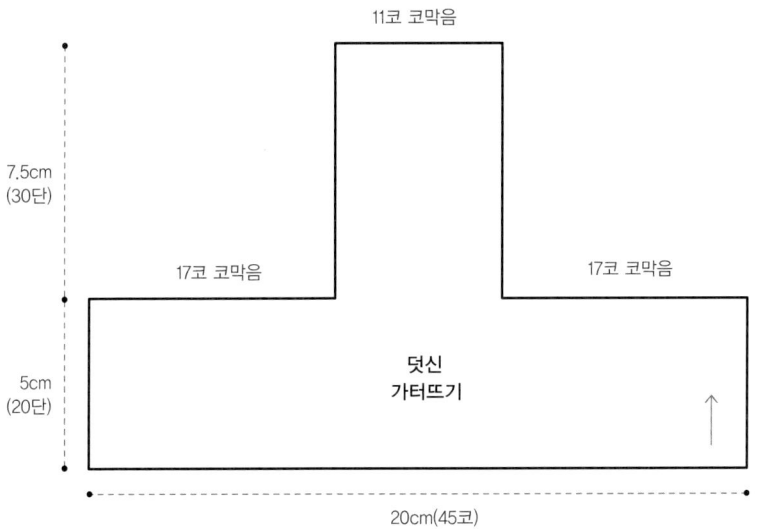

11코 코막음

7.5cm
(30단)

17코 코막음   17코 코막음

덧신
가터뜨기

5cm
(20단)

20cm(45코)

발목끈

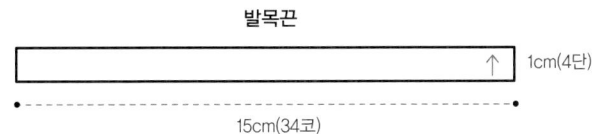

1cm(4단)

15cm(34코)

05
판초와 목도리
Poncho & Écharpe

아기를 부드럽게 감싸주는 판초와 목도리.
판초는 입히고 벗기기 편해서 겨울철 놓칠 수 없는
아이템이에요. 여기에 귀여운 목도리로
포인트를 주면 어떨까요?
아이보리색과 회색을 번갈아 떠서 더욱 화사해요.
첫눈에 반하는 환상의 세트를 만들어보세요!

미리보는 뜨개조직
12개월

판초 — 46cm × 46cm

목도리 — 65cm × 9cm

How to make

판초 ～

사이즈 12개월

준비물
실 : 필다르사의 필듀스(PHIL DOUCE : 폴리에스테르 100%) 브라운 그레이(Taupe) 2볼
대바늘 5mm 2세트, 돗바늘 1개, 바늘막음 2개
*게이지 14코 23단

만들기
1. 시작코 64코를 잡아 메리야스뜨기로 19.5cm(44단) 뜬다.
2. 다음 단에서 처음 27코는 뜨고, 오른쪽 바늘에 바늘막음으로 막아둔다. 새로운 바늘을 이용해서 다음 10코는 코막음을 한 후(이 부분이 목둘레가 된다) 마지막 27코를 가지고 높이 7cm(16단)가 될 때까지 뜬 다음 실을 자르고 바늘에 쉼코로 걸어둔다.(바늘막음으로 막아둔다.)
3. 오른쪽 바늘에 두었던 27코를 가지고 높이가 7cm(16단)될 때까지 뜬다.
4. 다음 단에서 처음 27코를 뜬 후 감아코 만들기로 10코를 만들어 목둘레를 만들어주고, 쉼코로 걸어두었던 마지막 27코를 이어 뜬다. 총 64코가 된다.
5. 19.5cm(44단)를 더 뜬 후 다음 단에서 모든 코를 코막음한다.

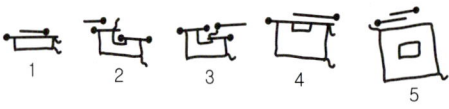

목도리 ～

사이즈 12개월

준비물
실 : 필다르사의 파트너 6(PARTNER 6 : 나일론 50%, 울 25%, 아크릴 25%) 베이지 그레이(Brume) 1볼, 라이트 아이보리(Écru) 1볼
대바늘 6mm, 돗바늘 1개
*게이지 15코 21단

만들기
1. 시작코 13코를 잡아 메리야스 배색 무늬뜨기로 높이가 65cm(136단) 될 때까지 뜬다.
2. 다음 단에서 모든 코를 코막음한다.

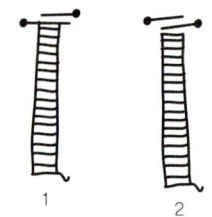

메리야스 배색 무늬뜨기
1. 베이지 그레이색 실로 8단 뜬다.
2. 라이트 아이보리색 실로 8단 뜬다.
3. 위의 16단을 총 8번 반복한 후 베이지 그레이색 실로 8단 더 뜬 다음 코막음한다. (총 136단)

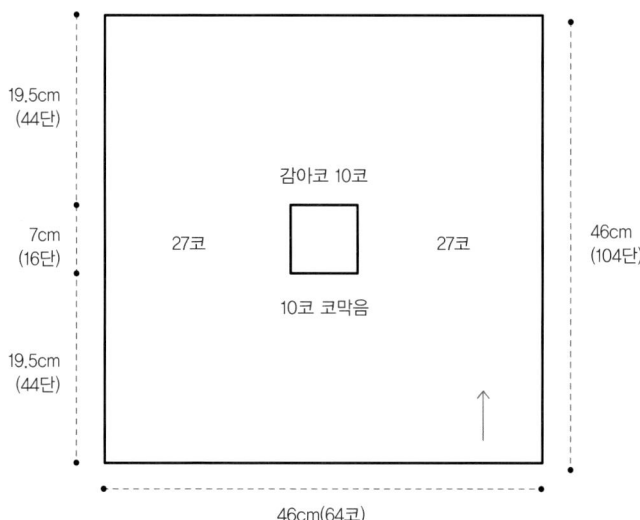

판초
메리야스뜨기

19.5cm
(44단)

7cm
(16단)

19.5cm
(44단)

감아코 10코

27코   27코

10코 코막음

46cm
(104단)

46cm(64코)

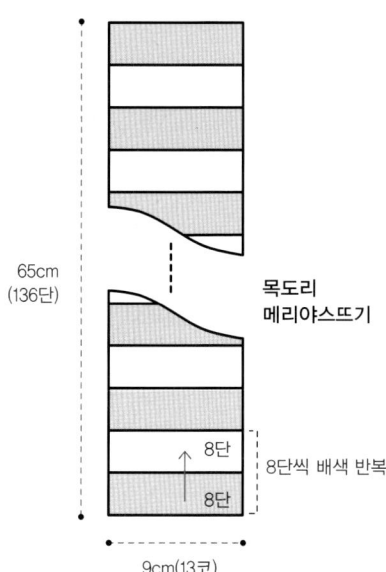

목도리
메리야스뜨기

65cm
(136단)

8단
8단

8단씩 배색 반복

9cm(13코)

06 모자와 덧신
Bonnet & Chaussons

부드러운 소재로 아기를 감싸는 독창적인 아이템.
양쪽 귀 부분까지 덮어주는 모자와 발목까지
포근하게 보호하는 덧신 세트예요.
세세한 부분까지 신경 써서 배려하는
엄마의 마음이 느껴지지 않나요?
추운 겨울, 아기의 머리부터 발끝까지
손뜨개로 꾸며주세요!

미리 보는 뜨개 조직
12개월

모자
16cm
44cm

덧신
9.5cm
27cm

Bonnet & Chaussons

How to make

모자

사이즈 12개월

준비물
실: 필다르사의 필듀스(PHIL DOUCE : 폴리에스테르 100%) 브라운 그레이(Taupe) 1볼
필다르사의 파트너 6(PARTNER 6 : 나일론 50%, 울 25%, 아크릴 25%), 베이지 그레이(Brume) 1볼
라이트 아이보리(Écru) 1볼
대바늘 5mm, 대바늘 6mm, 돗바늘 1개
*필듀스 게이지 14코 23단
파트너 6 게이지 15코 21단, 가터뜨기 게이지 15코 30단

만들기
1. 대바늘 5mm와 필듀스 브라운 그레이색 실로 시작코 62코를 잡아 메리야스뜨기로 13cm(30단) 뜬다.
2. 다음 단에서 대바늘 6mm와 파트너 6 베이지 그레이색 실로 바꾸어 가터뜨기로 1cm 뜬다.
3. 다음 단에서 처음 11코는 코막고 다음 8코는 가터뜨기로 떠서 귀마개를 만든 후, 다음 24코는 코막고, 다음 8코는 가터뜨기로 떠서 2번째 귀마개를 만든다. 마지막 11코는 코막은 후 실을 자른다.
4. 바늘에 걸려 있는 첫 번째 귀마개용 8코를 가지고 높이가 2cm(6단) 될 때까지 가터뜨기로 뜬다.
5. 다음 단에서 8코를 코막음한다.
6. 바늘에 남아 있는 2번째 귀마개용 8코를 가지고 높이가 2cm(6단) 될 때까지 가터뜨기로 뜬다.
7. 다음 단에서 8코를 코막음한다.

연결하기
1. 실을 정리한다.
2. 모자의 옆선끼리 돗바늘로 꿰맨다.
3. 모자 위쪽 원통에 4등분점을 표시해 4점을 가운데로 모아준 후 연결되는 선들을 돗바늘로 꿰맨다.

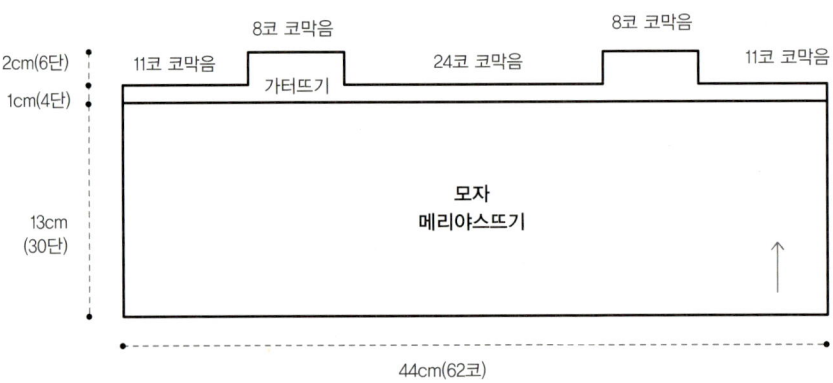

How to make

덧신

사이즈 12개월

준비물

실: 필다르사의 필듀스(PHIL DOUCE : 폴리에스테르 100%) 브라운 그레이(Taupe) 1볼
　필다르사의 파트너 6(PARTNER 6 : 나일론 50%, 울 25%, 아크릴 25%) 베이지 그레이(Brume) 1볼
　라이트 아이보리(Écru) 1볼
대바늘 5mm, 대바늘 6mm, 돗바늘 1개
*필듀스 게이지 14코 23단
파트너 6 게이지 15코 30단

만들기

1. 대바늘 6mm와 파트너 6 베이지 그레이색 실로 시작코 35코를 잡아 가터뜨기로 6.5cm(18단) 뜬다.
2. 다음 단에서 처음 8코는 코막고 남은 코는 끝까지 뜬다.
3. 다음 단에서 처음 8코는 코막고 남은 코는 끝까지 뜬다.
4. 남아 있는 19코는 대바늘 5mm와 필듀스 브라운 그레이색 실로 바꾸어 높이가 3cm(7단) 될 때까지 메리야스뜨기를 한다.
5. 다음 단에서 모든 코를 코막음한다.
6. 같은 방법으로 덧신을 한 장 더 뜬다.

연결하기

1. 실을 정리한다.
2. 덧신을 반으로 접은 후, 같은 색상의 봉제선끼리 돗바늘로 꿰맨다.
3. 점선을 따라 코 사이로 실을 통과시킨 후 실을 당겨 주름을 잡은 다음 고정한다.
4. 발목을 접어준다.

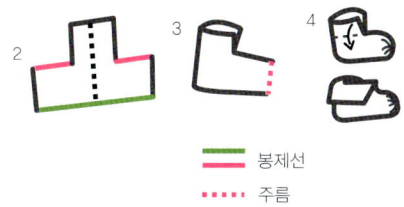

07
후드 달린 카디건
Paletot à capuche

카디건에 후드가 달려 있으면
아기의 머리부터 몸까지 한번에
감쌀 수 있어요. 추운 날엔 단추도
야무지게 채워주세요.
끝이 뾰족한 후드에
방울 장식이 달린 끈까지 있으니
더욱 앙증맞아요. 초콜릿 색상으로
따뜻하고 고급스러운 분위기를
한껏 자아냅니다.
작은 디테일들이 모여
완성된 멋진 카디건!

미리 보는 뜨개 조직
12개월

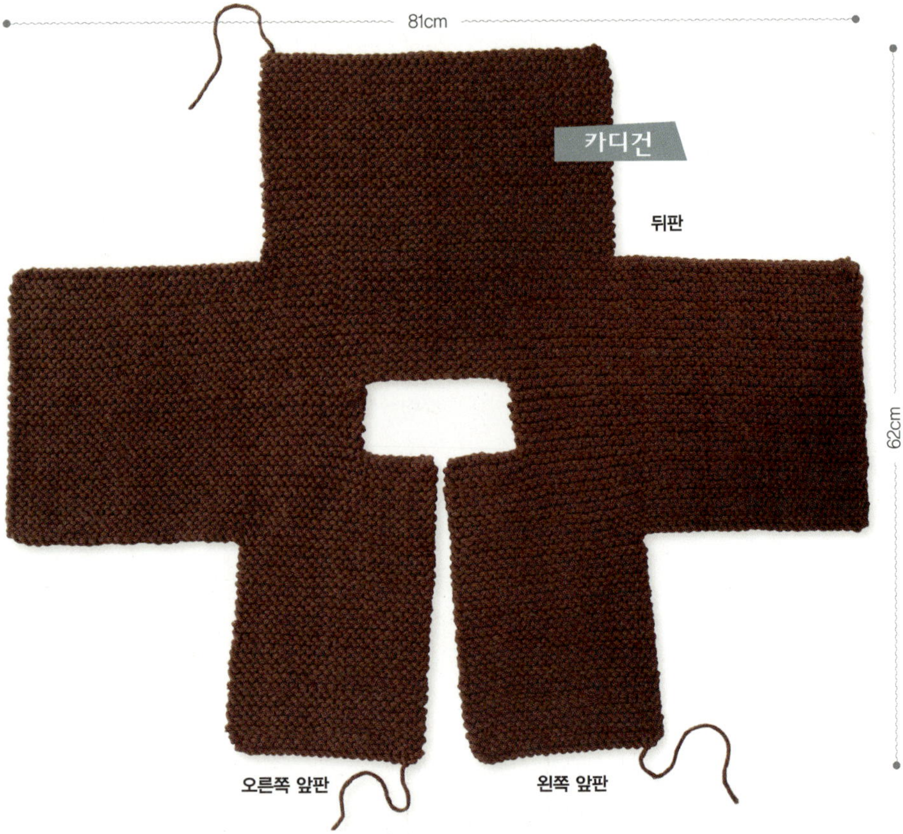

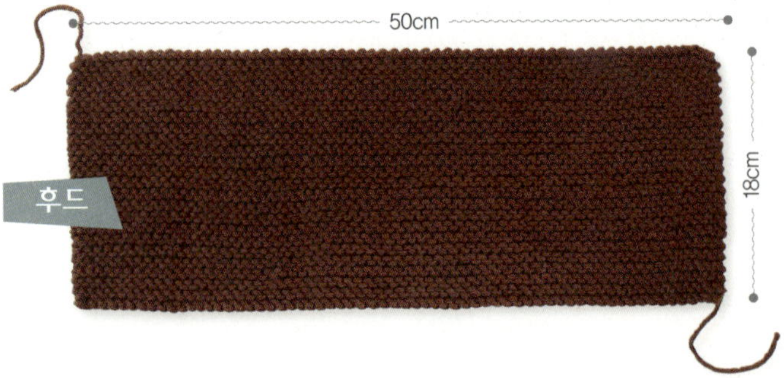

카디건

81cm · 62cm

뒤판

오른쪽 앞판 왼쪽 앞판

후드

50cm · 18cm

How to make

카디건

사이즈 12개월

준비물
실 : 필다르사의 파트너 6(PARTNER 6 : 나일론 50%, 울 25%, 아크릴 25%) 다크 브라운(Écorce) 7볼
대바늘 6mm 2세트, 돗바늘 1개, 바늘막음 1개, 단추 4개
*가터뜨기 게이지 15코 30단

만들기
1장으로 뜬다.

오른쪽 앞판
1. 시작코 24코를 잡아 가터뜨기로 19cm(58단) 뜬다.
2. 다음 단에서 24코를 뜬 후 감아코 만들기로 35코를 만든다. 총 59코가 된다.
3. 계속해서 가터뜨기로 이어 뜬다.
4. 전체 높이가 27cm(82단)가 되면 처음 10코를 코막음해서 앞 목둘레를 만든다. 49코가 남는다.
5. 계속해서 가터뜨기로 이어 뜬다.
6. 전체 높이가 32cm(98단)가 되면 실을 자르고 남은 코들은 바늘에 쉼코로 걸어둔다.(바늘막음으로 막아둔다.)

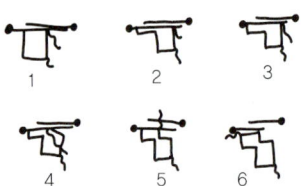

왼쪽 앞판
1. (새로운 바늘을 이용해서) 시작코 24코를 잡아 가터뜨기로 19cm(58단) 뜬다.
2. 다음 단에서 단을 시작하기 전에 감아코 만들기로 35코를 만든다. 총 59코가 된다.
3. 계속해서 가터뜨기로 이어 뜬다.
4. 전체 높이가 27cm(82단)가 되면 한 단을 더 뜬다. (뜨개 조직의 안쪽 면이 본인 앞으로 오게 한다.)
5. 다음 단에서 처음 10코를 코막음해서 앞 목둘레를 만든다. 49코가 남는다.
6. 계속해서 이어 뜬다.

뒤판
1. 전체 높이가 32cm(98단)가 되면 바늘에 걸린 49코를 뜨고, 감아코 만들기로 16코를 만들고, 오른쪽 앞판에서 쉼코로 걸어두었던 49코를 이어 뜬다. 총 114코가 된다.
2. 계속해서 가터뜨기로 이어 뜬다.
3. 전체 높이가 43cm(130단)가 되면 처음 35코를 코막음한다.
4. 다음 단에서 처음 35코 코막음한다. 44코가 남는다.
5. 19cm(58단)가 될 때까지 일자로 뜬다.
6. 전체 높이가 62cm(188단)가 되면 모든 코를 코막음한다.

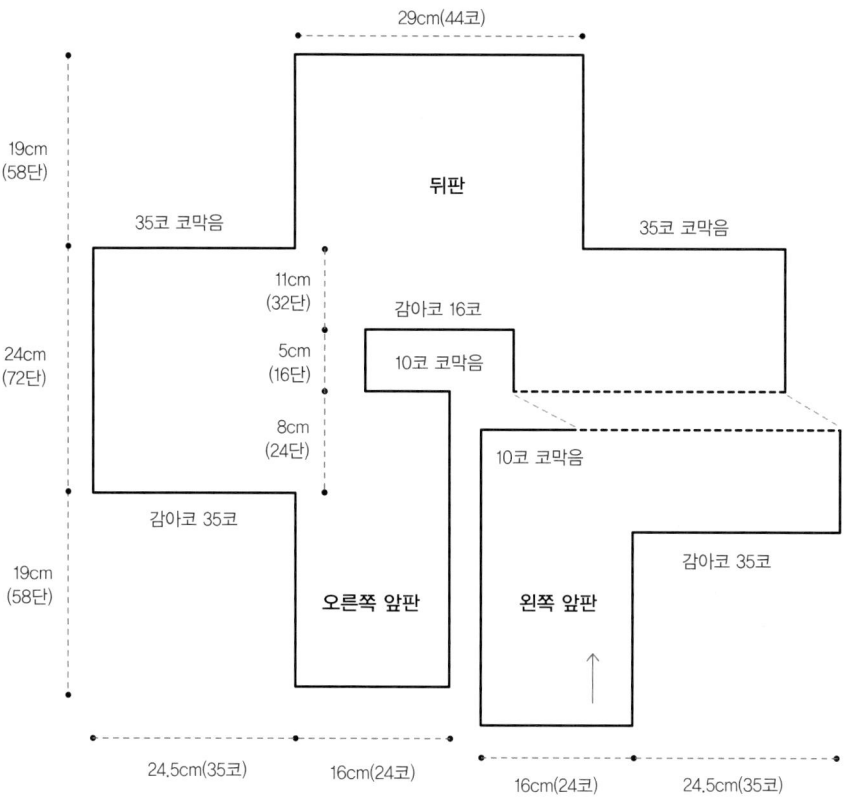

How to make

후드

만들기
1. 시작코 75코를 잡아 가터뜨기로 18cm(54단) 뜬다.
2. 다음 단에서 모든 코를 코막음한다.

연결하기
1. 실을 정리한다.
2. 카디건을 반으로 접은 후, 같은 색상의 봉제선끼리 꿰맨다.
3. 소매 끝을 4cm 접고, 단추를 달아준다. 코를 벌려 단춧구멍을 만든다.
4. 후드를 중심선을 따라 반으로 접은 후 카디건의 목둘레에 꿰맨다. 후드의 윗부분을 일자로 꿰맨다. 실을 땋은 후 끝에 장식술을 달고 후드의 끝에 달아준다.

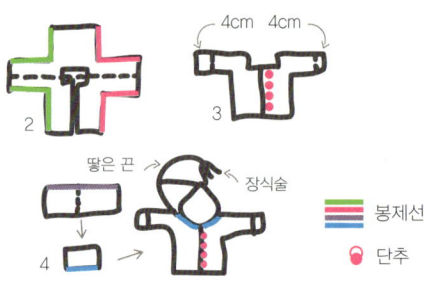

장식술 만들기
1. 두꺼운 종이를 6cm 높이로 자른 후 실로 종이를 여러 번 감아준다.
2. 위쪽에서 실을 통과시킨 후 아래쪽에서 실을 자른다.
3. 위쪽에 나온 실로 중앙을 묶은 후 장식술의 길이를 다듬는다.

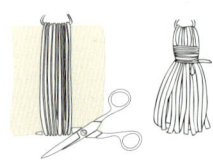

땋은 끈
다크 브라운색 실 3올씩 3개(총 9올)로 땋은 후 후드에 꿰매준다.

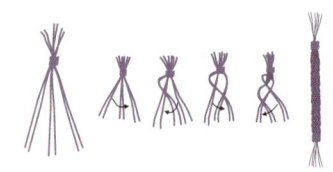

08
큰 리본 달린 케이프
Col à Gros Cape

화려한 핑크색 칼라에 큰 리본이 달린 케이프.
이 케이프만 있으면 어떤 옷이든 특별하게 연출할 수 있어요.
약간의 센스만 더하면 이렇게 만들기도 쉬우면서 멋진 아이템을
아기에게 선물할 수 있답니다.
이 케이프를 두르면 어디서든 주목받는 아기가 될 거예요.

How to make

케이프

사이즈 12개월

준비물
실: 필다르사의 파트너 3.5(PARTENER 3.5 : 나일론 50%, 울 25%, 아크릴 25%) 핑크(Grenadine) 2볼
대바늘 4mm, 돗바늘 1개
리본끈(길이 100cm)

*사용된 기법 : 2코/2코 고무뜨기
*게이지
2코/2코 고무뜨기(대바늘 4mm, 정사각형 10cm) = 40코 28단
평소보다 느슨하게 뜬다.

만들기
1. 대바늘 4mm를 사용해서 시작코 124코를 잡아 2코/2코 고무뜨기를 한다. 이때 고무단의 시작과 끝은 겉뜨기 3코씩으로 한다.
2. 전체 높이가 27cm(76단)이 되면 모든 코를 코막음 한다.

연결하기
1. 리본을 2개로 자른 후 각 리본끈의 끝을 평평하게 펴서 아래에서 15cm 지점 앞중심의 시접에 꿰맨다.
2. 리본의 끝은 사선으로 자른다.

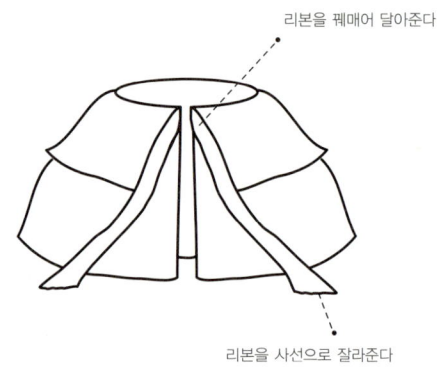

리본을 꿰매어 달아준다

리본을 사선으로 잘라준다

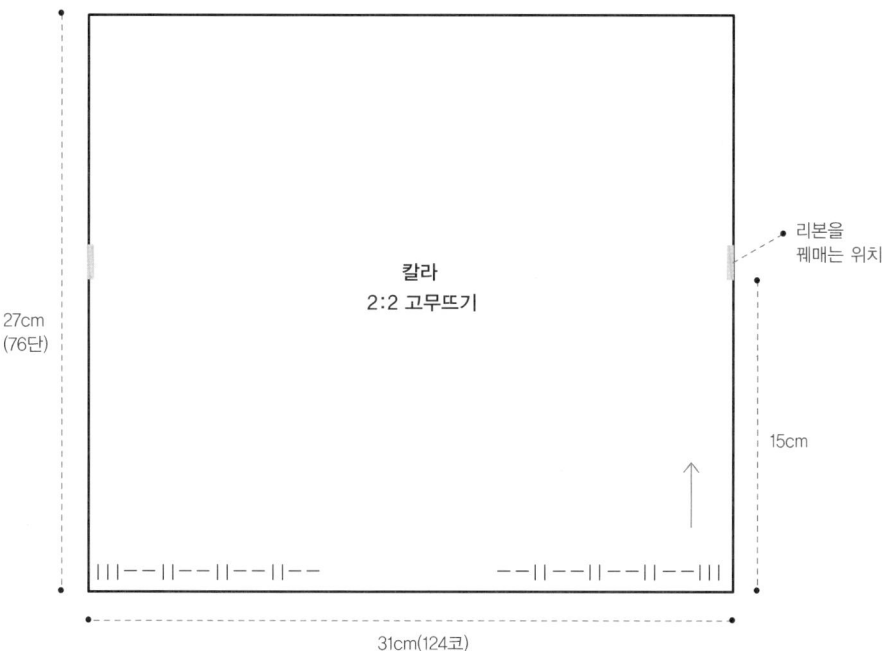

09
원피스
Robe

한 장으로 이어 뜨는, 레트로 스타일의 원피스.
아무리 추워도 우리 아기의 스타일은 포기할 수 없어요!
이럴 땐 따뜻한 니트 원피스가 최고죠.
목둘레와 소매는 자연스럽게 말아 올려서 멋을 냈어요.
가슴선에 주름을 잡고 리본으로 장식하니 보온성과 멋을 한번에 잡았네요.

미리보는 뜨개 조직
12개월

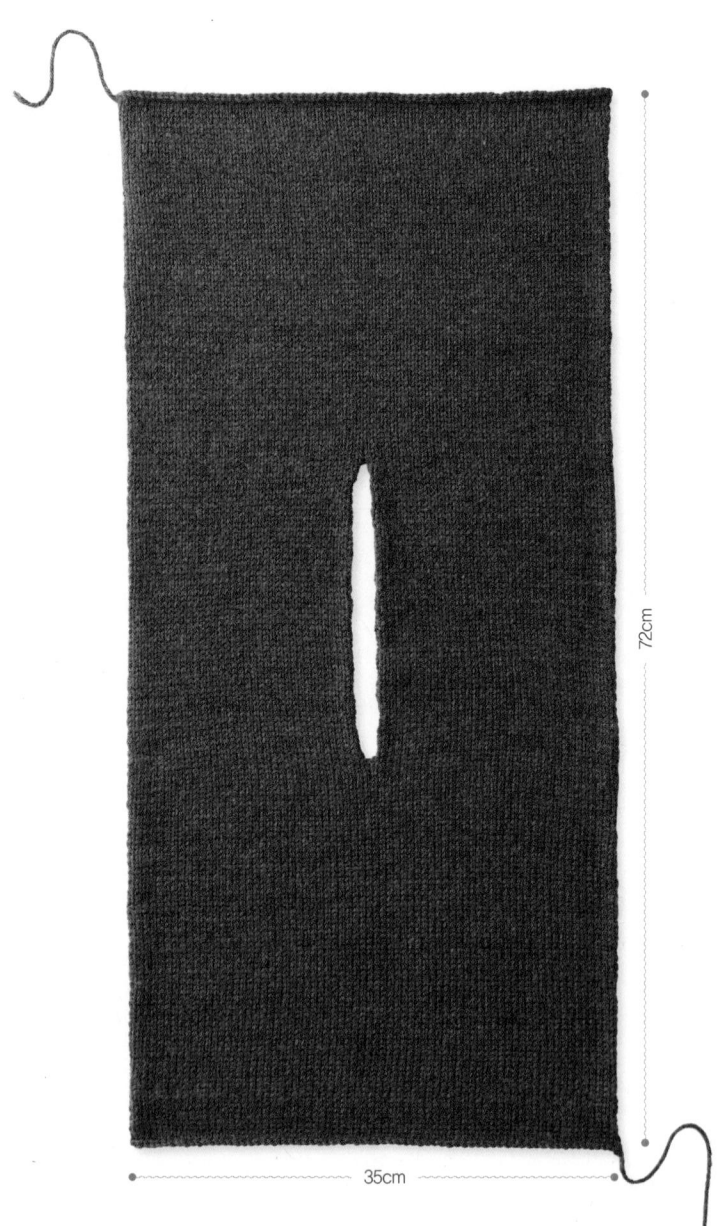

35cm
72cm

How to make

원피스

사이즈 12개월

준비물
실:필다르사의 파트너 3.5(PARTNER 3.5 : 나일론 50%, 울 25%, 아크릴 25%)
　　다크 그레이(Minerai) 3볼
대바늘 3.5mm 2세트, 돗바늘 1개, 리본, 바늘막음 1개
*게이지 23코 30단

만들기
1장으로 뜬다.
1. 시작코 80코를 잡아 메리야스뜨기로 26cm(78단) 뜬다.
2. 처음 40코를 뜬 후 남은 코 40코는 왼쪽 바늘에 쉼코로 걸어둔다.
   새로운 바늘로 처음 40코만 가지고, 높이가 20cm(60단) 될 때까지 이어 뜬 후 쉼코로 걸어둔다.(바늘막음으로 막아둔다.)
3. 새로운 실을 사용해서 왼쪽에 남아 있는 40코를 뜬다. 높이가 20cm(60단)가 되면 실을 자른다.
4. 오른쪽의 40코와 왼쪽의 40코를 연결하여 뜬다. 높이가 26cm(78단) 될 때까지 뜬다.
5. 다음 단에서 모든 코를 코막음한다.

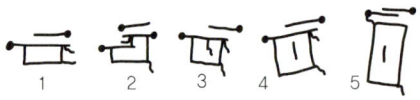

연결하기
1. 실을 정리한다.
2. 원피스를 안면끼리 마주 보도록 반으로 접은 후 같은 색의 봉제선끼리 꿰맨다.
3. 러닝 스티치로 주름을 잡는다.

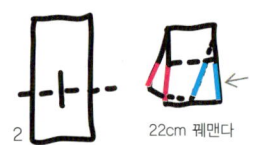

러닝 스티치로 주름잡기
리본끈을 돗바늘에 끼우고, 코 사이로 러닝 스티치해서 주름을 잡는다.

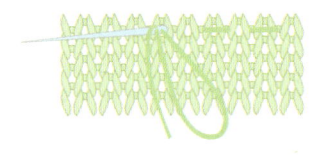

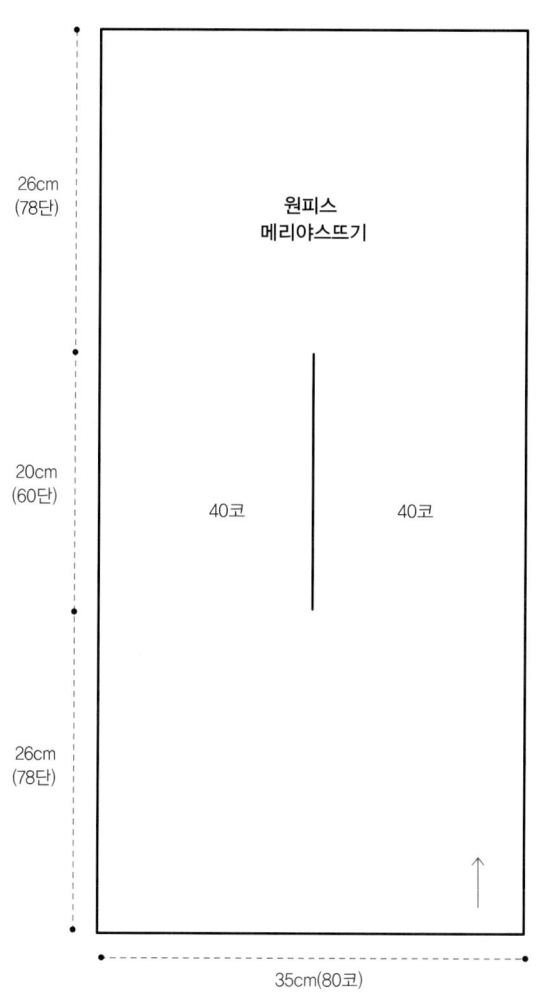

26cm
(78단)

원피스
메리야스뜨기

20cm
(60단)

40코　　40코

26cm
(78단)

35cm(80코)

10
인형과 조끼
Doudou & Gilet

매력적인 인형과 조끼 세트.
조끼는 칼라를 곱게 접고 단추를 3개 달았어요.
돌돌 말린 가장자리 장식까지 더하니
멋진 댄디룩이 탄생했네요.
더불어 꼬불꼬불 뱀 인형을 만들어
아기에게 안겨보세요.
아기가 정말 좋아할 거예요!

미리 보는 뜨개 조직
12개월

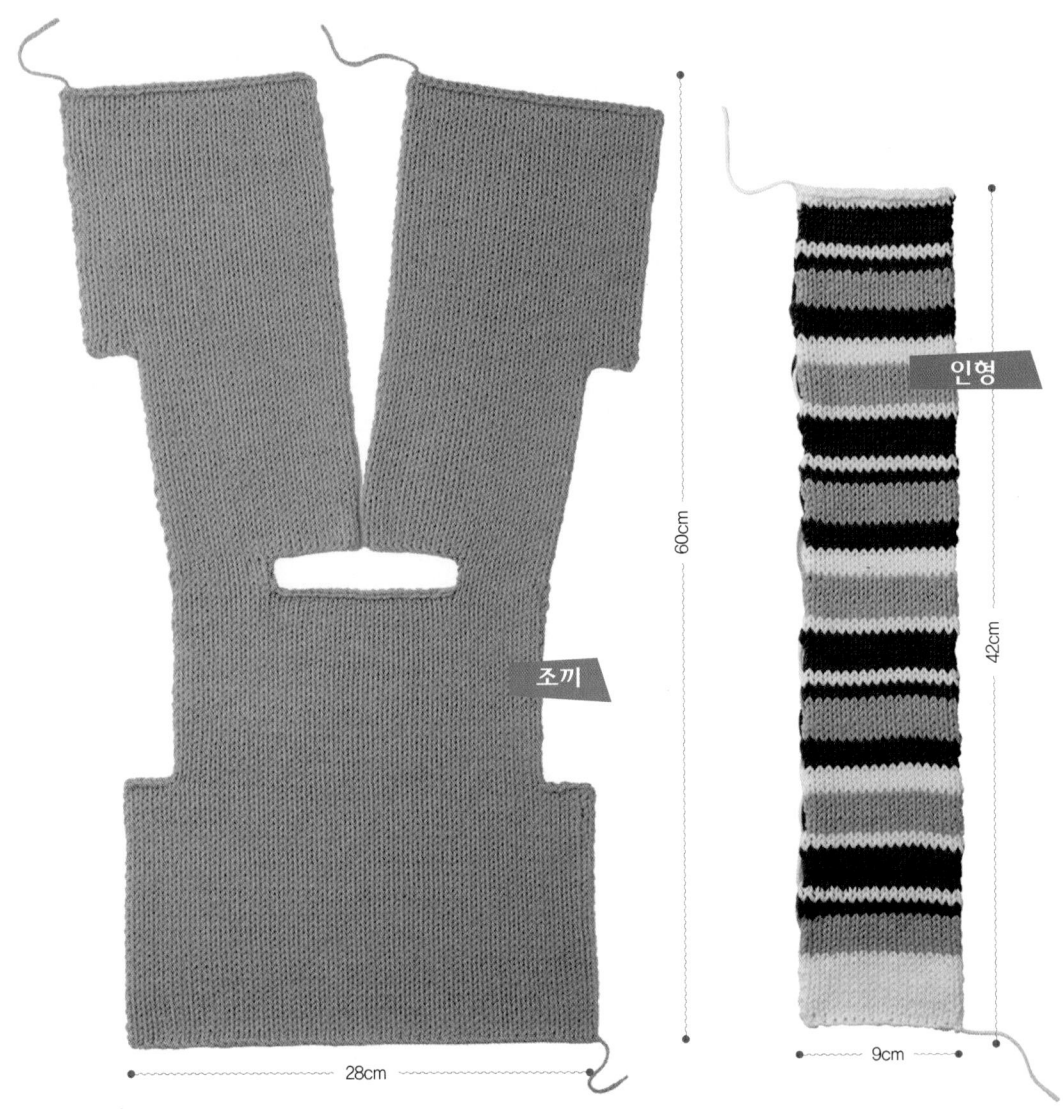

How to make

인형

사이즈 12개월

준비물
실 : 필다르사의 카버틴(CABOTINE : 코튼 55%, 아크릴 45%), 화이트(Craie) 1볼, 라이트 그레이(Écume) 1볼, 필다르사의 탈레사(THALASSA : 코튼 75%, 리오셀 25%), 그레이(Plomb) 1볼
대바늘 3.5mm, 돗바늘 1개
*게이지 카버틴 21코 30단, 탈레사 20코 28단

만들기
1. 화이트색 실로 시작코 18코를 잡아 메리야스뜨기로 42cm(124단) 뜬다.
2. 다음 단에서 모든 코를 코막음한다.

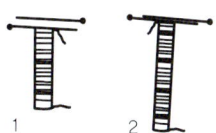

줄무늬 메리야스뜨기
화이트 10단 → 라이트 그레이 6단 → (그레이 2단 → 화이트 2단 → 그레이 6단 → 화이트 2단 → 라이트 그레이 6단 → 화이트 4단 → 그레이 4단 → 라이트 그레이 6단) × 총 3번 반복 → 그레이 2단 → 화이트 2단 → 그레이 6단 → 화이트 2단 (총 124단이 된다.)

연결하기
1. 실을 (메리야스 조직 겉면에서) 정리한다.
2. 점선에 따라 반으로 접은 후 빨간색 선을 따라 돗바늘로 꿰맨다.
3. 시작코를 잡은 단에 코 사이로 실을 통과시킨 후 실을 잡아당겨 오므려준다.
4. 솜을 넣고 코막음한 단의 코 사이로 실을 통과시킨 후 잡아당겨 오므려준다.
5. 그레이색 실을 이용해서 스트레이트 스티치로 눈을 수놓는다.
  그레이색 실의 양쪽 끝을 매듭지은 후 뱀의 끝에 실의 중앙을 고정하여 혀를 만든다.

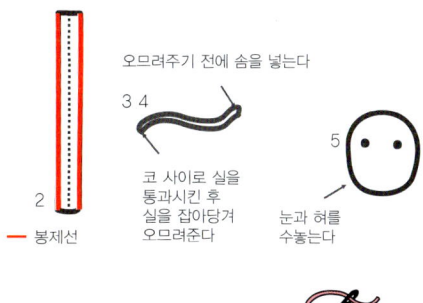

스트레이트 스티치

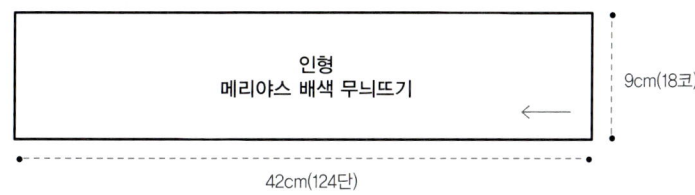

How to make

조끼

사이즈 12개월

준비물
실 : 필다르사의 카버틴(CABOTINE : 코튼 55%, 아크릴 45%) 라이트 그레이(Écume) 2볼
대바늘 3.5mm 2세트, 돗바늘 1개, 바늘막음, 단추 3개
*게이지 21코 30단

만들기
1장으로 뜬다.

뒤판
1. 시작코 58코를 잡아 메리야스뜨기를 한다.
2. 전체 높이가 17cm(50단)가 되면 처음 5코를 코막음하고 남은 코는 끝까지 뜬다.
3. 다음 단에서 처음 5코는 코막음한다. 48코가 남는다.
4. 계속해서 메리야스뜨기를 한다.
5. 전체 높이가 29cm(86단)가 되면 처음 13코는 바늘에 쉼코로 남겨두고(바늘막음으로 막아둔다). 다음 22코는 코막음해서 앞 목둘레를 만들고, 마지막 13코를 가지고 높이가 1cm(4단) 될 때까지 뜬다.

오른쪽 앞판
1. 다음 단에서 단을 시작하기 전에 감아코 만들기로 14코를 만든다. 총 27코가 된다.
2. 계속해서 메리야스뜨기를 한다.
3. 전체 높이가 43cm(128단)가 되면 27코를 뜨고 감아코 만들기로 5코를 만든다. 총 32코가 된다.
4. 전체 높이가 60cm(178단)면 모든 코를 코막음한다.

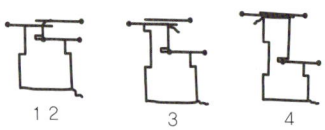

왼쪽 앞판
1. 쉼코로 두었던 13코를 가지고 높이가 1cm(4단) 될 때까지 뜬다.
2. 다음 단에서 13코를 뜨고 감아코 만들기로 14코를 만든다. 총 27코가 된다.
3. 증감없이 메리야스뜨기를 한다.
4. 전체 높이가 43cm(128단)가 되면 단을 시작하기 전에 감아코 만들기로 5코를 만든다. 총 32코가 된다.
5. 계속해서 메리야스뜨기를 한다.
6. 전체 높이가 60cm(178단)가 되면 모든 코를 코막음한다.

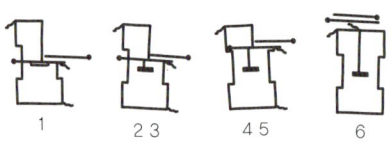

연결하기
1. 실을 정리한다.
2. 조끼를 점선에 따라 반으로 접은 후 같은 색상끼리 맞대고 돗바늘로 꿰맨다.
   (이때 안뜨기 조직이 겉면으로 나오게 꿰맨다.)
3. 양 앞판의 위쪽 모퉁이를 밖으로 접어서 칼라를 만든다.
4. 단추를 달고 코 사이를 벌려 단춧구멍을 만든다.

━ 봉제선
• 단추

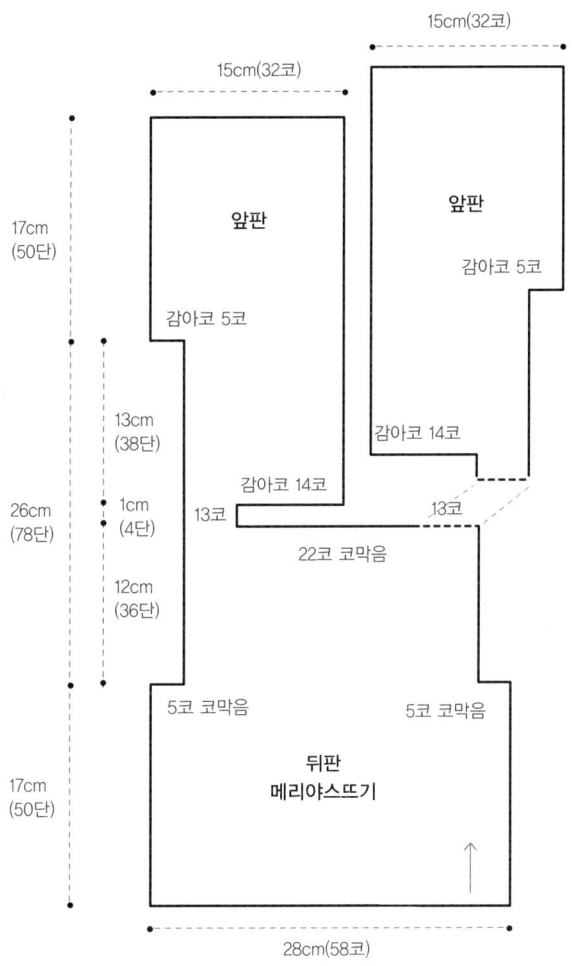

11
반팔 풀오버
Pull

샛노란 반팔 풀오버를 만들어봐요. 앞에는 단추를 세 개 달아서 더욱 멋스러워요.
반팔이라 가볍게 입을 수도 있고 다른 옷과 겹쳐 입으면 한겨울에도 끄떡없답니다.
이 옷을 입으면 아이가 병아리처럼 귀여워져요!

How to make

반팔 풀오버

사이즈 6개월 · 12개월

준비물
실 : 필다르사의 파트너 3.5(PARTNER 3.5 : 나일론 50%, 울 25%, 아크릴 25%) 다크 옐로(Orge) 3볼
대바늘 3mm, 대바늘 4mm, 돗바늘 1개, 단추 3개
사용된 기법 : 1코/1코 고무뜨기, 가터뜨기

*게이지
가터뜨기(대바늘 4mm, 정사각형 10cm) = 22코 42단

만들기
〈6개월용〉

몸판
1장으로 뜨며 앞판에서 시작한다.
1. 대바늘 4mm를 사용해서 가터뜨기로 57코 뜬다.
2. 전체 높이가 13cm(54단)가 되면 다음과 같은 방법으로 떠서 앞트임을 만든다.
   : 오른쪽 27코는 쉼코로 두고. 다음 3코는 코막음하고, 왼쪽에 남은 27코는 끝까지 뜬다. 왼쪽 27코만 가지고 계속 이어 뜬다.
3. 전체 높이가 14cm(58단)가 되면 감아코 만들기로 9코씩 늘려주어 소매를 만든다. 총 36코가 된다.
4. 전체 높이가 20cm(84단)가 되면 오른쪽으로 3코 코막음하고, 2단마다 2코씩 2번, 2단마다 1코씩 3번, 4단마다 1코씩 2번 코막음해서 앞 목둘레를 만든다. 24코가 남는다.
5. 전체 높이가 25cm(104단)가 되면 바늘에 쉼코로 걸어둔다.
6. 이전에 쉼코로 걸어두었던 오른쪽 27코를 왼쪽과 대칭되게 뜬다.
7. 전체 높이가 25cm(104단)가 되면 오른쪽 24코를 뜨고, 감아코 만들기로 27코를 만들어 뒷목둘레를 만들고, 쉼코로 두었던 왼쪽 24코를 이어 뜬다. 총 75코가 된다.
8. 계속해서 가터뜨기로 뜬다.
9. 전체 높이가 36cm(150단)가 되면 양쪽으로 9코씩 코막음한다. 57코가 남는다.
10. 전체 높이가 50cm(208단)가 되면 모든 코를 느슨하게 코막음한다.

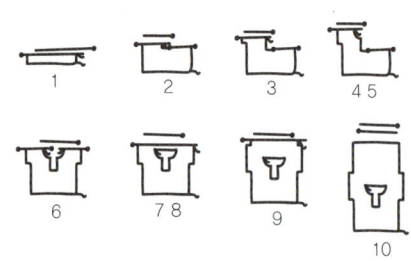

*목둘레 밴드, 단추 덧단, 연결하기는 12개월용 참고.

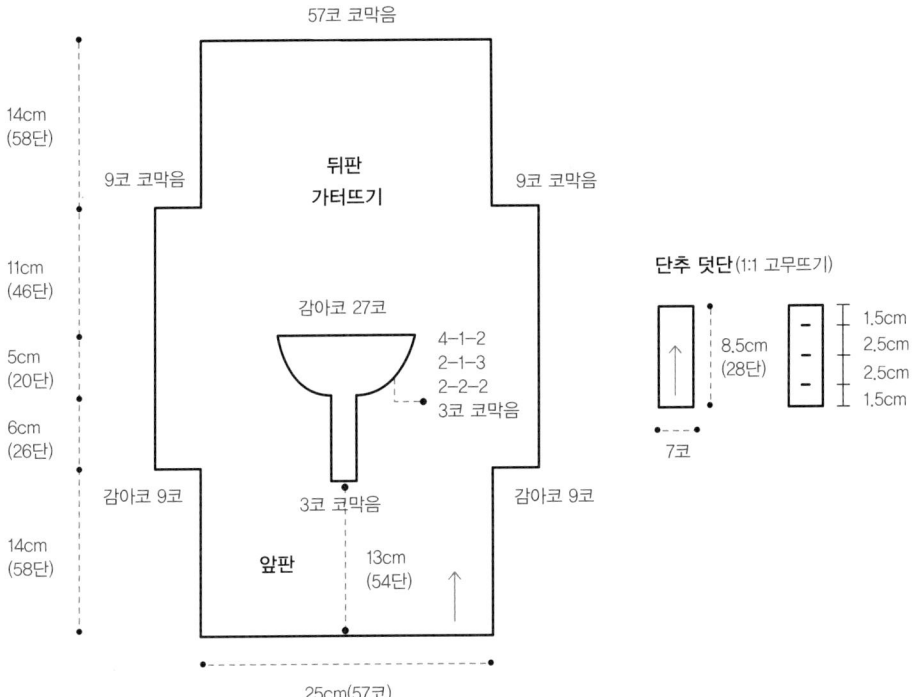

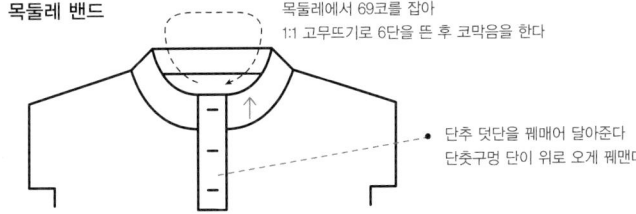

How to make

〈12개월용〉

몸판(6개월용 수식도안 참고)
1장으로 뜨며 앞판에서 시작한다.

1. 대바늘 4mm를 사용해서 가터뜨기로 61코 뜬다.
2. 전체 높이가 15cm(64단)가 되면 다음과 같은 방법으로 떠서 앞트임을 만든다.
   : 오른쪽 29코는 쉼코로 두고, 다음 3코는 코막음하고, 왼쪽에 남은 29코는 끝까지 뜬다. 왼쪽 29코만 가지고 계속 가터뜨기로 뜬다.
3. 전체 높이가 16cm(68단)가 되면 감아코 만들기로 9코씩 늘려주어 소매를 만든다. 총 38코가 된다.
4. 전체 높이가 22cm(92단)가 되면 오른쪽으로 3코 코막음하고, 2단마다 2코씩 2번, 2단마다 1코씩 3번, 4단마다 1코씩 3번 코막음해서 앞 목둘레를 만든다. 25코가 남는다.
5. 전체 높이가 28cm(116단)가 되면 바늘에 쉼코로 걸어둔다.
6. 이전에 쉼코로 걸어두었던 오른쪽 29코를 왼쪽과 대칭되게 뜬다.
7. 전체 높이가 28cm(116단)가 되면 오른쪽 25코를 뜨고, 감아코 만들기로 29코를 만들어 뒷목둘레를 만들고, 쉼코로 두었던 왼쪽 25코를 이어 뜬다. 총 79코가 된다.
8. 계속해서 가터뜨기로 뜬다.
9. 전체 높이가 40cm(164단)가 되면 양쪽으로 9코씩 코막음한다. 61코가 남는다.
10. 전체 높이가 56cm(232단)가 되면 모든 코를 느슨하게 코막음한다.

목둘레 밴드(공통)

1. 대바늘 3mm로 목둘레에서 6개월용은 시작코 69코, 12개월용은 시작코 83코를 잡아 1코/1코 고무단으로 1.5cm(6단) 뜬다. 이때 고무단의 시작과 끝은 겉뜨기 2코씩으로 한다.
2. 고무단을 뜬 후 느슨하게 코막음한다.

단추 덧단(공통)

1. 대바늘 3mm로 시작코 7코를 잡아 1코/1코 고무뜨기로 8.5cm(28단) 뜬다. 이때 고무단의 시작과 끝은 겉뜨기 2코씩으로 한다.
2. 다음 단에서 모든 코를 코막음한다.
3. 같은 방법으로 한 장 더 뜨는데, 두 번째 덧단에는 다음과 같은 방법으로 단춧구멍 3개를 만든다.
   : 첫 번째 단춧구멍은 아래에서 1.5cm 높이에 만들고, 그다음에는 2.5cm 간격으로 2개 더 만든다. 코를 벌려 단춧구멍 만들기의 방법으로 만든다.

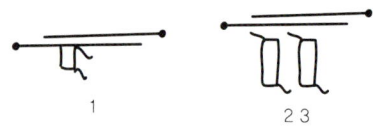

연결하기(공통)

1. 몸판의 옆선과 소매 옆선을 꿰맨다.
2. 앞목 트임에 단추 덧단을 꿰맨다.
3. 단추를 달아준다.

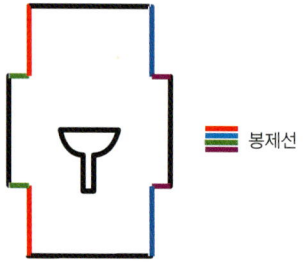

■ 봉제선

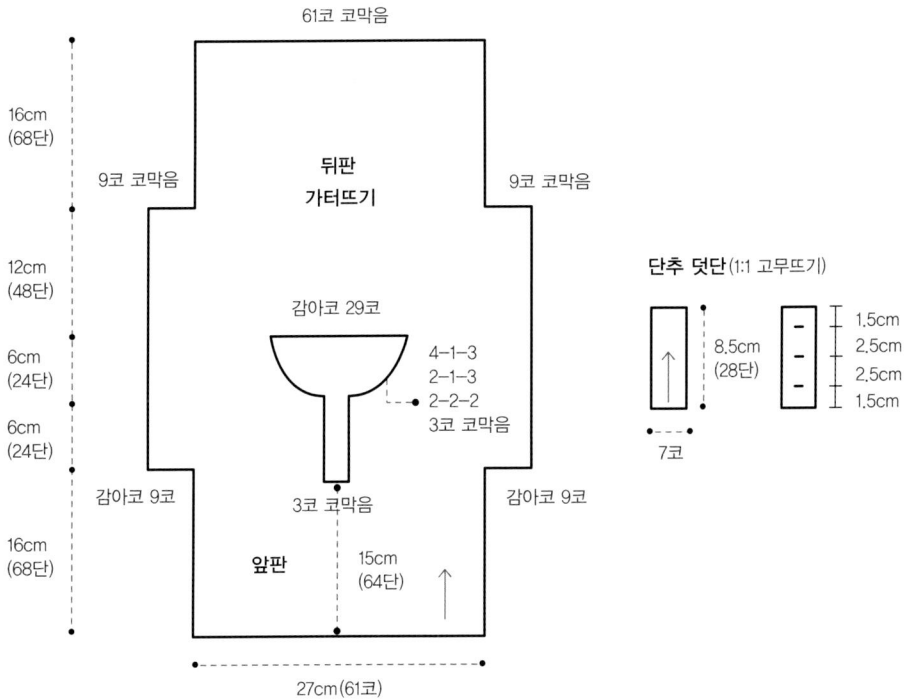

12
판초
Poncho

아이를 감싸기 좋은 판초.
가터뜨기로 손쉽게 판초를 만들어봐요.
후드가 달려서 정말 따뜻하고 편안하답니다.
앞은 대각선으로 여밀 수 있게 하고
단추 2개를 달아서 장식해요.
새하얀 판초를 두르면 아기가 천사처럼 보일 거예요.

미리 보는 뜨개 조직
12개월

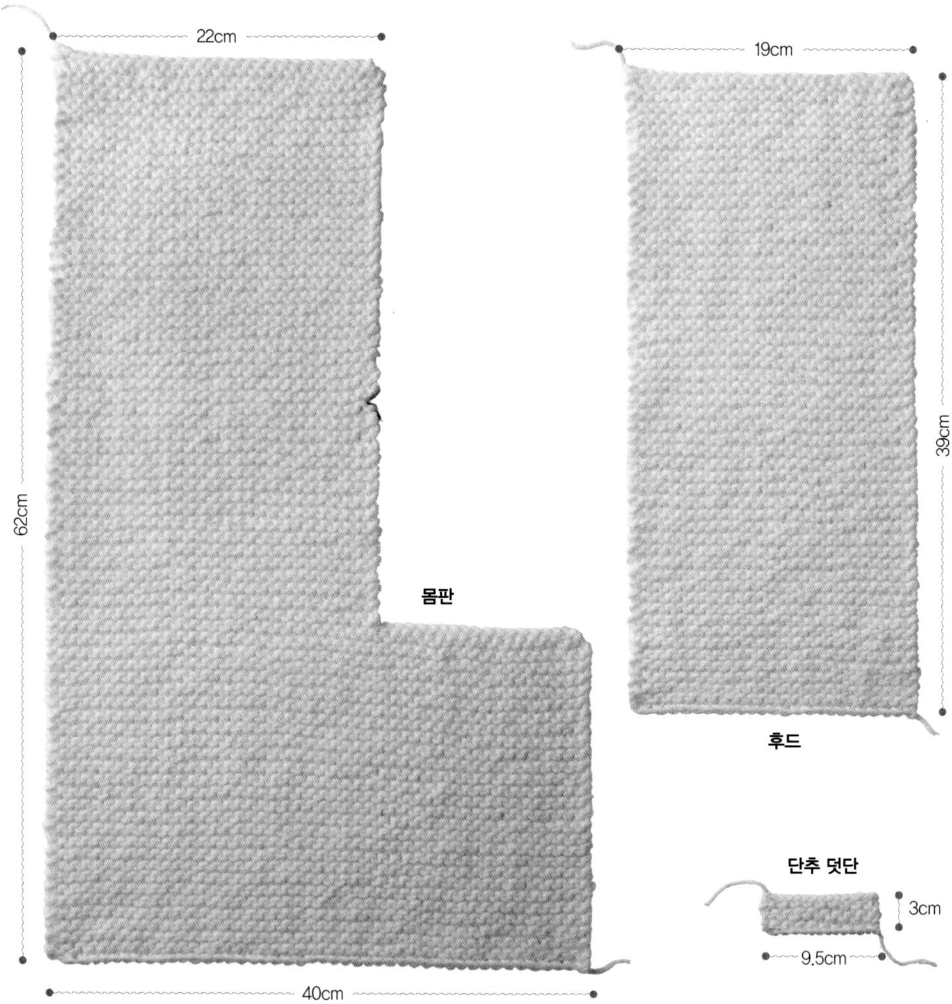

- 몸판: 22cm × 62cm, 40cm
- 후드: 19cm × 39cm
- 단추 덧단: 9.5cm × 3cm

How to make

판초 ♪

사이즈 12개월

준비물
실: 필다르사의 알비조(ALVISO : 코튼 60%, 아크릴 40%)
  화이트(Blanc) 5볼
대바늘 5mm, 돗바늘 1개, 단추 2개
*가터뜨기 게이지 14.5코 28단

만들기

몸판
1. 시작코 60코를 잡아 가터뜨기로 22cm(62단) 뜬다.
2. 다음 단에서 27코를 코막음하고 남은 코는 끝까지 뜬다. 33코가 남는다.
3. 계속해서 가터뜨기로 뜬다.
4. 전체 높이가 62cm(174단)가 되면 모든 코를 코막음한다.

단추 덧단
1. 시작코 14코를 잡아 가터뜨기로 3cm(8단) 뜬다.
2. 다음 단에서 모든 코를 코막음한다.

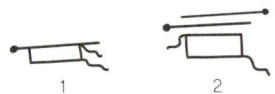

후드
1. 시작코 28코를 잡아 가터뜨기로 39cm(110단) 뜬다.
2. 다음 단에서 모든 코를 코막음한다.

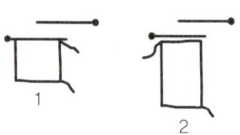

연결하기
1. 실을 정리한다.
2. 판초를 점선을 따라 접은 후 같은 색의 봉제선끼리 돗바늘로 꿰맨다.
3. 단추 덧단을 핑크색 선을 따라 꿰맨다.
4. 후드는 점선을 따라 반으로 접은 후 주황색 선을 따라 돗바늘로 꿰맨다.
5. 후드를 판초의 목둘레에 꿰맨다.
6. 코 사이를 벌려 단춧구멍을 만들고 단추를 단다.

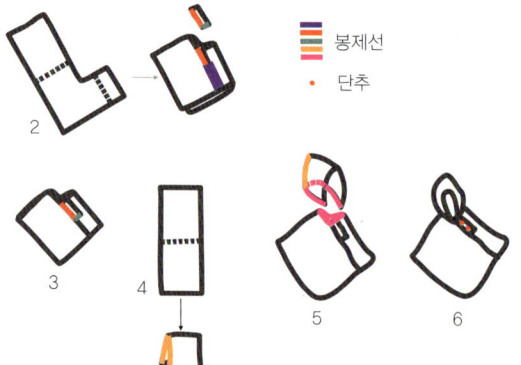

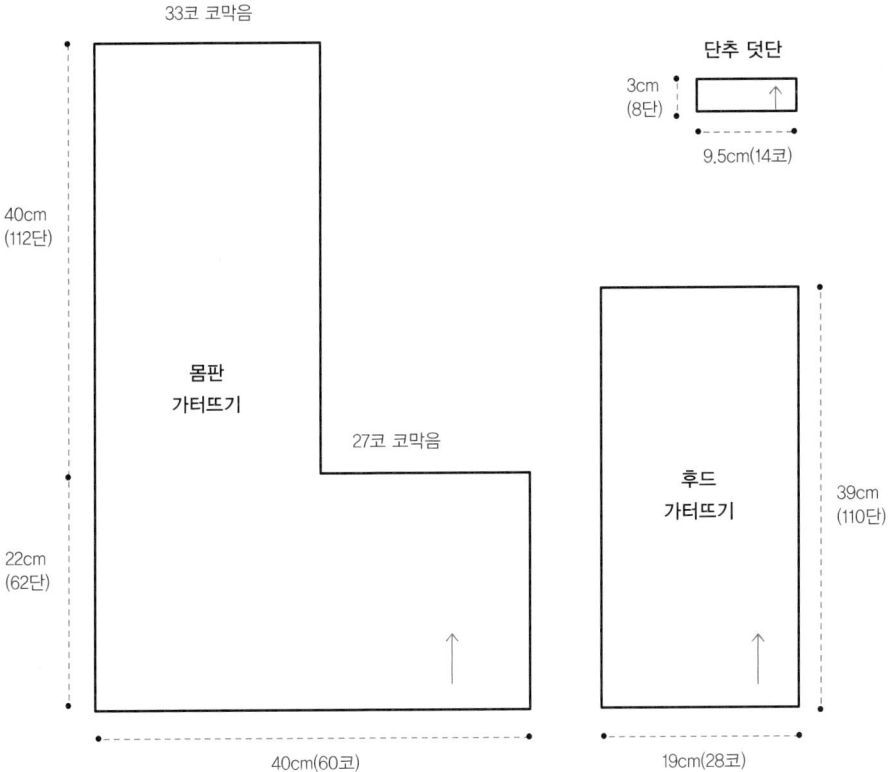

13
우주복과 카디건
Combi & Cardigan

땋아 만든 어깨끈과 허리띠 장식을 단 우주복,
그리고 함께 입는 쇼트 카디건.
귀여운 디자인과 고급스러운 카키색으로
완벽한 한 벌을 만들어봐요. 생각보다 어렵지 않답니다.
너무나 매력적인 에스닉 스타일!

미리 보는 뜨개 조직

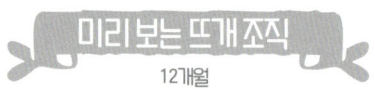

12개월

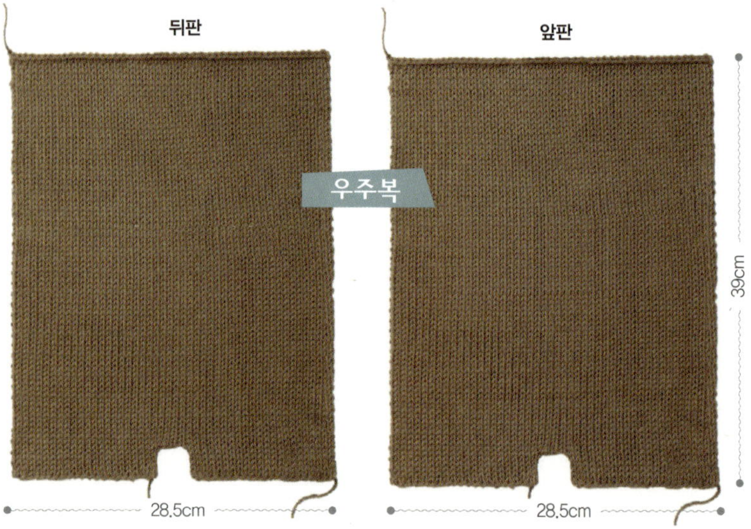
뒤판
앞판
우주복
39cm
28.5cm
28.5cm

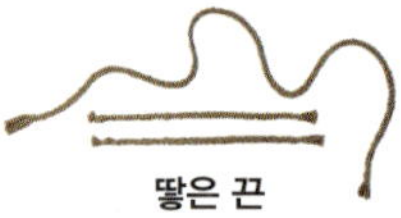
땋은 끈

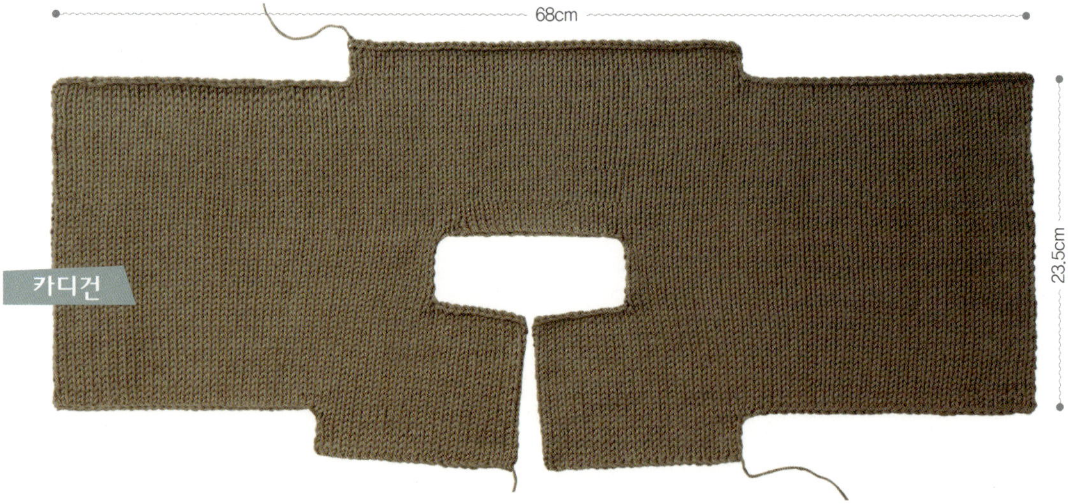
68cm
카디건
23.5cm

How to make

우주복

사이즈 12개월

준비물
실 : 필다르사의 탈레사(THALASSA : 코튼 75%, 리오셀 25%) 카키(Safari) 4볼
대바늘 4mm 2세트, 바늘막음 1개, 돗바늘 1개, 고무줄
*메리야스 게이지 21코 28단

만들기
앞판
1. 시작코 27코를 잡아 메리야스뜨기를 한다. (안메리야스가 겉조직)
2. 전체 높이가 5cm(14단)가 되면 실을 자르고 바늘에 쉼코로 걸어둔다(바늘막음으로 막아둔다).
3. 새로운 바늘에 시작코 27코를 잡아 메리야스뜨기를 한다.
4. 전체 높이가 5cm(14단)가 되면 27코를 뜨고, 감아코 만들기로 3코를 만들고, 쉼코로 두었던 27코를 이어 뜬다. 총 57코가 된다.
5. 계속해서 메리야스뜨기를 한다.
6. 전체 높이가 39cm(110단)가 되면 모든 코를 코막음 한다.

뒤판
앞판과 같은 방법으로 뜬다.

연결하기
1. 실을 메리야스 조직 겉면에서 정리한다.
2. 2장을 메리야스 안면끼리 마주보게 놓은 후 핑크색 봉제선을 따라 돗바늘로 꿰맨다. 안메리야스면이 겉면이 된다.
3. 실을 3올씩 3개로 땋아서 24cm 길이의 줄을 2개 만든 후, 앞판과 뒤판의 위쪽에 고정한다. 이때 양쪽 가장자리에서 8cm씩 들어온 위치에 꿰매준다.
4. 실을 3올씩 3개로 머리 땋듯이 땋아서 76cm 길이의 허리띠를 만든다.
5. 실을 1올씩 3개로 머리 땋듯이 땋아서 4cm 길이의 벨트 고리를 2개 만든 후, 옆선에서 21.5cm 높이에 고정한다.
6. 앞판과 뒤판의 위쪽에 메리야스 겉면에서 고무줄을 코 사이로 통과시킨다.

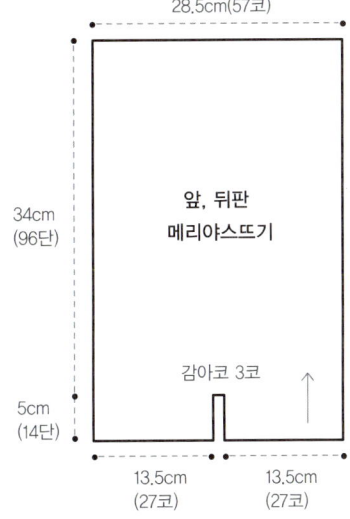

How to make

카디건

사이즈 12개월

준비물

실 : 필다르사의 탈레사(THALASSA : 코튼 75%, 리오셀 25%) 카키(Safari) 3볼

대바늘 4mm 2세트, 돗바늘 1개, 단추 2개

*메리야스 게이지 21코 28단

만들기

오른쪽 앞판

1. 시작코 30코를 잡아 메리야스뜨기로 3.5cm(10단) 뜬다.
2. 다음 단에서 30코를 뜬 후 감아코 만들기로 41코를 만든다. 총 71코가 된다.
3. 계속해서 메리야스뜨기를 한다.
4. 전체 높이가 11cm(30단)가 되면 처음 14코를 코막음해서 앞 목둘레를 만든다.
5. 계속해서 메리야스뜨기를 한다.
6. 전체 높이가 16cm(44단)가 되면 실을 자르고 바늘에 쉼코로 걸어둔다.(바늘막음으로 막아둔다.)

왼쪽 앞판

1. 시작코 30코를 잡아 메리야스뜨기로 3.5cm(10단) 뜬다.
2. 다음 단에서 단을 시작하기 전에 감아코 만들기로 41코를 만든다. 총 71코가 된다.
3. 계속해서 메리야스뜨기를 한다.
4. 전체 높이가 11cm(30단)가 되면 한 단을 더 뜬다. (작업물의 안쪽 면이 본인 앞으로 오게 한다.)
5. 다음 단에서 처음 14코를 코막음해서 앞 목둘레를 만든다. 57코가 남는다.
6. 계속해서 메리야스뜨기를 한다.

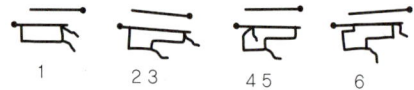

뒤판

1. 전체 높이가 16cm(44단)가 되면 왼쪽 앞판의 57코를 뜨고, 감아코 만들기로 22코를 만들고, 오른쪽 앞판의 57코를 이어 뜬다. 총 136코가 된다.
2. 증감 없이 일자로 메리야스뜨기를 한다.
3. 전체 높이가 27cm(74단)가 되면, 처음 41코는 코막음한다.
4. 다음 단에서 처음 41코는 코막음한다. 54코 남는다.
5. 높이가 3.5cm(10단)이 될 때까지 일자로 뜬다.
6. 전체 높이가 30.5cm(84단)가 되면 모든 코를 코막음한다.

연결하기

1. 실을 메리야스 조직 겉면에서 정리한다.
2. 카디건은 그림과 같이 반으로 접고 메리야스 안면끼리 마주보게 놓은 후 같은 색의 봉제선끼리 꿰맨다.
3. 카디건은 뒤집어 메리야스의 안면이 겉으로 오게 한다.
4. 오른쪽 앞판에 단추를 달고 코 사이를 벌려서 단춧구멍을 만든다.

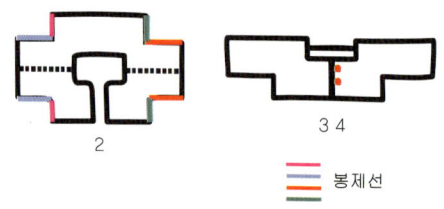

봉제선

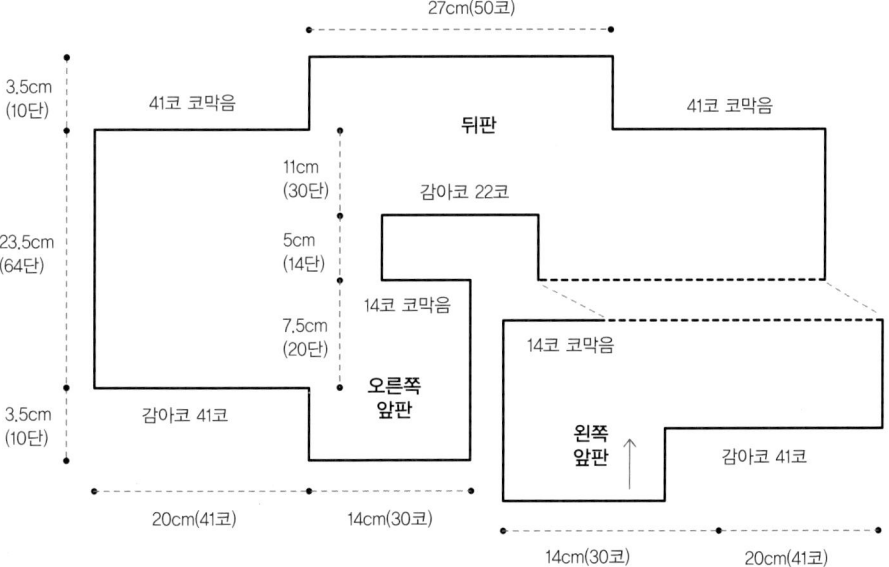

14
원피스와 머릿수건
Robe & Fichu

귀여운 딸을 위한 긴 튜닉 스타일의 원피스와 머릿수건.
원피스의 허리는 조여주고 최신 유행하는 디테일로 꾸며볼까요?
메리야스뜨기로 손쉽게 만드는 머릿수건에는
예쁜 수를 놓아서 더욱 여성스럽게 마무리해요.

How to make

원피스

사이즈 12개월

준비물
실 : 필다르사의 탈레사(THALASSA : 코튼 75%, 리오셀 25%) 라이트 핑크(Meringue) 4볼
대바늘 4mm 2세트, 바늘막음 1개, 돗바늘 1개, 단추 3개
*메리야스 게이지 20코 28단

만들기

뒤판
1. 시작코 58코를 잡아 메리야스뜨기를 한다.
2. 전체 높이가 30cm(84단)가 되면 처음 5코는 코막음하고 남은 코는 끝까지 뜬다.
3. 다음 단에서 처음 5코는 코막음하고 남은 코는 끝까지 뜬다. 48코가 남는다.
4. 계속해서 메리야스뜨기를 한다.
5. 전체 높이가 43cm(120단)가 되면 11코를 뜬 후 바늘막음으로 막아둔다. 새로운 바늘을 이용해서 다음 26코는 코막음하고 남은 코는 끝까지 뜬다. 11코를 가지고 높이가 1cm(3단) 될 때까지 뜬다.
6. 다음 단에서 11코는 코막음한다.
7. 쉼코 11코를 높이가 1cm(3단) 될 때까지 뜬다.
8. 다음 단에서 모든 코를 코막음한다.

앞판
1. 시작코 58코를 잡아 메리야스뜨기를 한다.
2. 전체 높이가 27cm가 되면 처음 27코를 뜬 후 뒤로 돌려 감아코로 4코를 만든다. 마지막 남은 31코는 바늘에 쉼코로 걸어둔다.(바늘막음으로 막아둔다.) 새로운 바늘을 이용해서 31코만 가지고 높이가 3cm(8단) 될 때까지 뜬다.
3. 다음 단에서 처음 5코는 코막음한다. 26코 남는다.
4. 계속해서 메리야스뜨기를 한다.
5. 전체 높이가 40cm(112단)가 되면 한 단을 더 뜬다. (작업물의 안쪽 면이 본인 앞으로 오게 한다.)
6. 다음 단에서 처음 15코는 코막음하고 남은 코는 끝까지 뜬다. 11코가 남는다.
7. 계속해서 메리야스뜨기를 한다.
8. 전체 높이가 44cm(123단)이 되면 11코는 코막음한다.
9. 쉼코 31코로 높이가 3cm(8단) 될 때까지 뜬다.
10. 한단을 더 뜬다.(작업물의 안쪽 면이 본인 앞으로 오게 한다.)
11. 다음 단에서 처음 5코는 코막음한다. 26코가 남는다.
12. 계속해서 메리야스뜨기를 한다.
13. 전체 높이가 40cm(112단)가 되면 처음 15코는 코막음하고 남은 코는 끝까지 뜬다. 11코가 남는다.
14. 계속해서 메리야스뜨기를 한다.
15. 전체 높이가 44cm(123단)면 모든 코는 코막음한다.

소매
1. 시작코 54코를 잡아 메리야스뜨기 4cm(12단) 뜬다.
2. 다음 단에서 모든 코를 코막음한다.
3. 같은 방법으로 한 장 더 뜬다.

연결하기
1. 실을 정리한다.
2. 2장을 겉면끼리 맞대고 같은 색의 봉제선끼리 돗바늘로 꿰맨다.
3. 소매는 반으로 접어서 옆선을 돗바늘로 꿰맨다.
4. 소매를 원피스 몸판에 잘 맞추어 꿰맨다.
5. 앞판의 단추 달 자리에 코 사이를 벌려서 단춧구멍을 만들고 단추를 달아준다.
6. 실 1올씩 3개로 땋아서 길이 90cm인 끈을 만든다.
7. 원피스의 허리 부분에 땋은 끈을 코 사이로 통과시킨다.

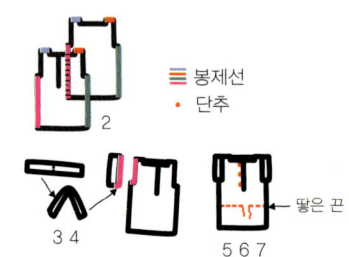

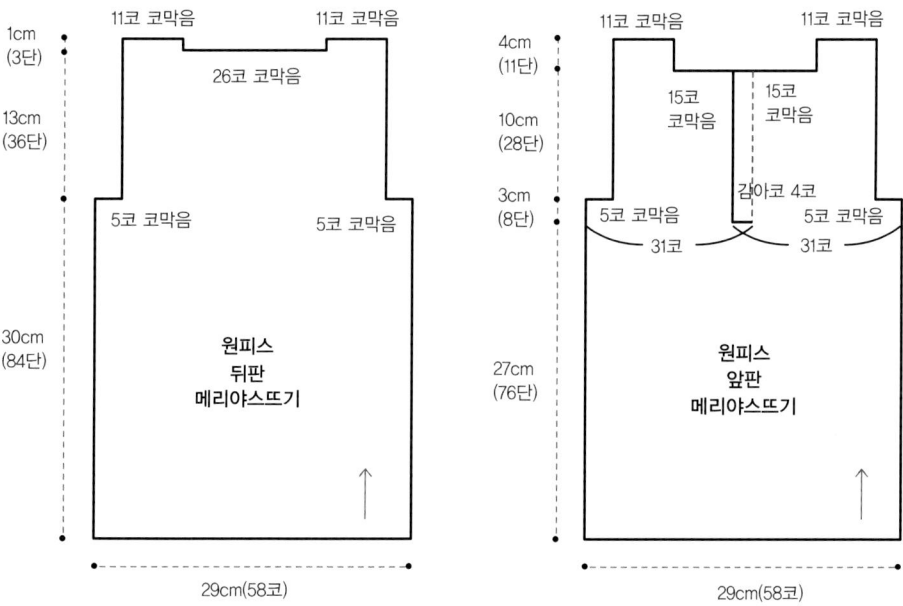

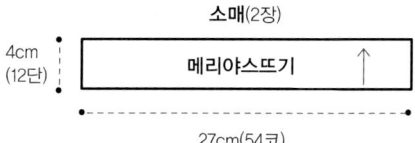

How to make

머릿수건

사이즈 12개월

준비물
실: 필다르사의 탈레사(THALASSA : 코튼 75%, 리오셀 25%) 라이트 핑크(Meringue) 1볼
   카키(Safari) 1볼
대바늘 4mm, 돗바늘 1개
*메리야스 게이지 20코 28단

만들기
머릿수건
1. 라이트 핑크색 실로 시작코 42코를 잡아 메리야스 뜨기로 21cm(58단) 뜬다.
2. 다음 단에서 모든 코를 코막음한다.

밴드
1. 라이트 핑크색 실로 시작코 126코를 잡아 메리야스 뜨기로 2cm(6단) 뜬다.
2. 다음 단에서 모든 코를 코막음한다.

연결하기
1. 실을 정리한다.
2. 머릿수건 위에 대각선으로 밴드를 놓고 봉제선을 따라 돗바늘로 꿰맨다.
3. 스트레이트 스티치로 수놓는다.

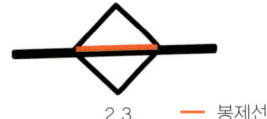

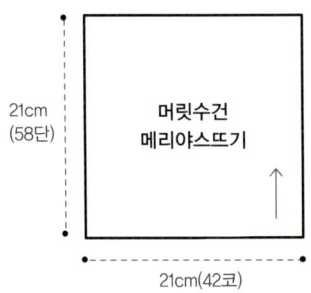

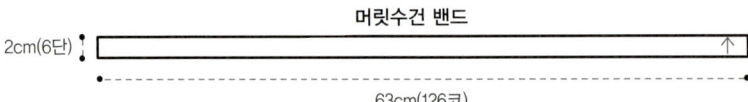

스트레이트 스티치로 수놓을 도안

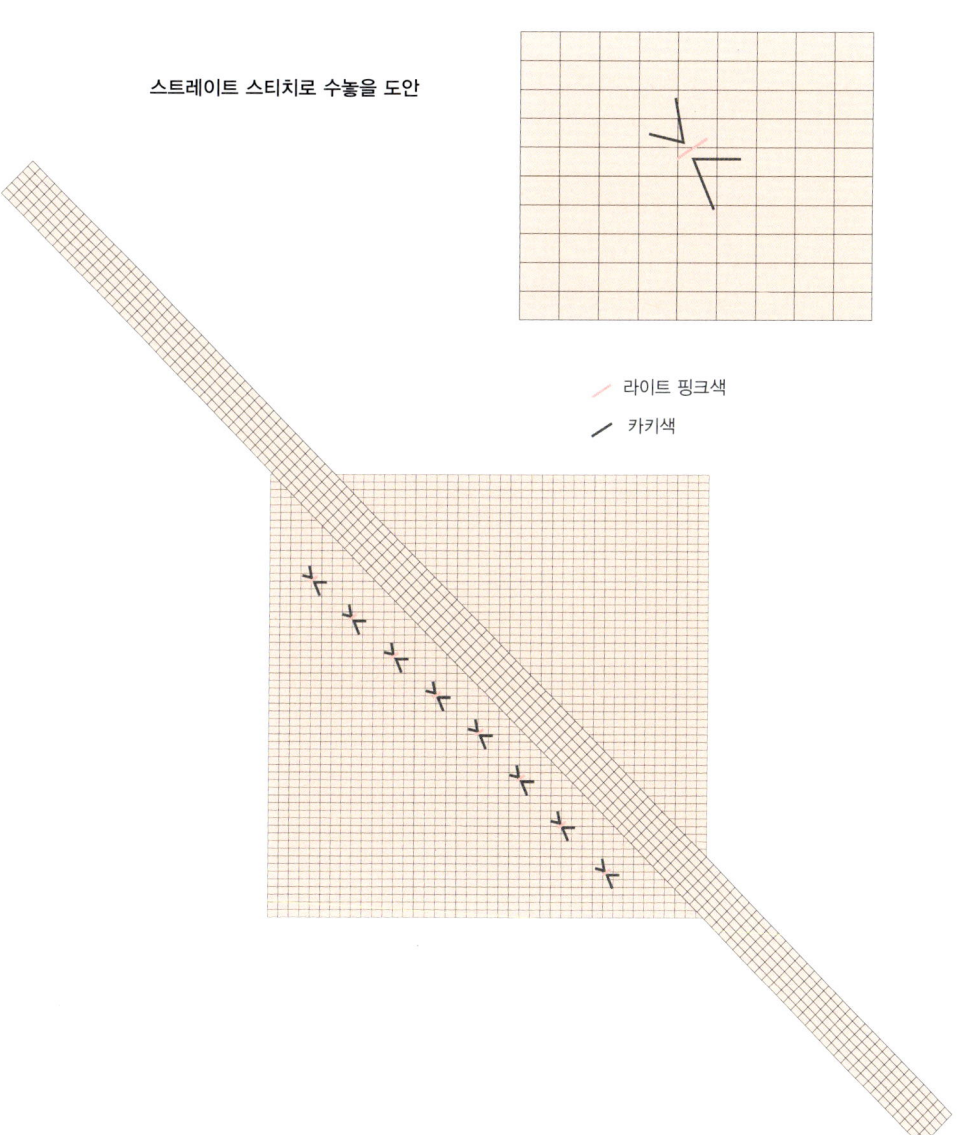

15
판초와 모자
Poncho & Bonnet

정사각형 3개, 봉제선 3개,
장식술 3개면 따뜻하고 앙증맞은
판초와 모자가 탄생해요.
모두 가터뜨기로 간단하게 만들 수 있죠.
심플한 디자인에 장식술을 달아서
포인트를 줘요.
효과 만점, 매력 만점, 추위 제로!

미리 보는 뜨개 조직

12개월

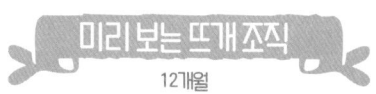

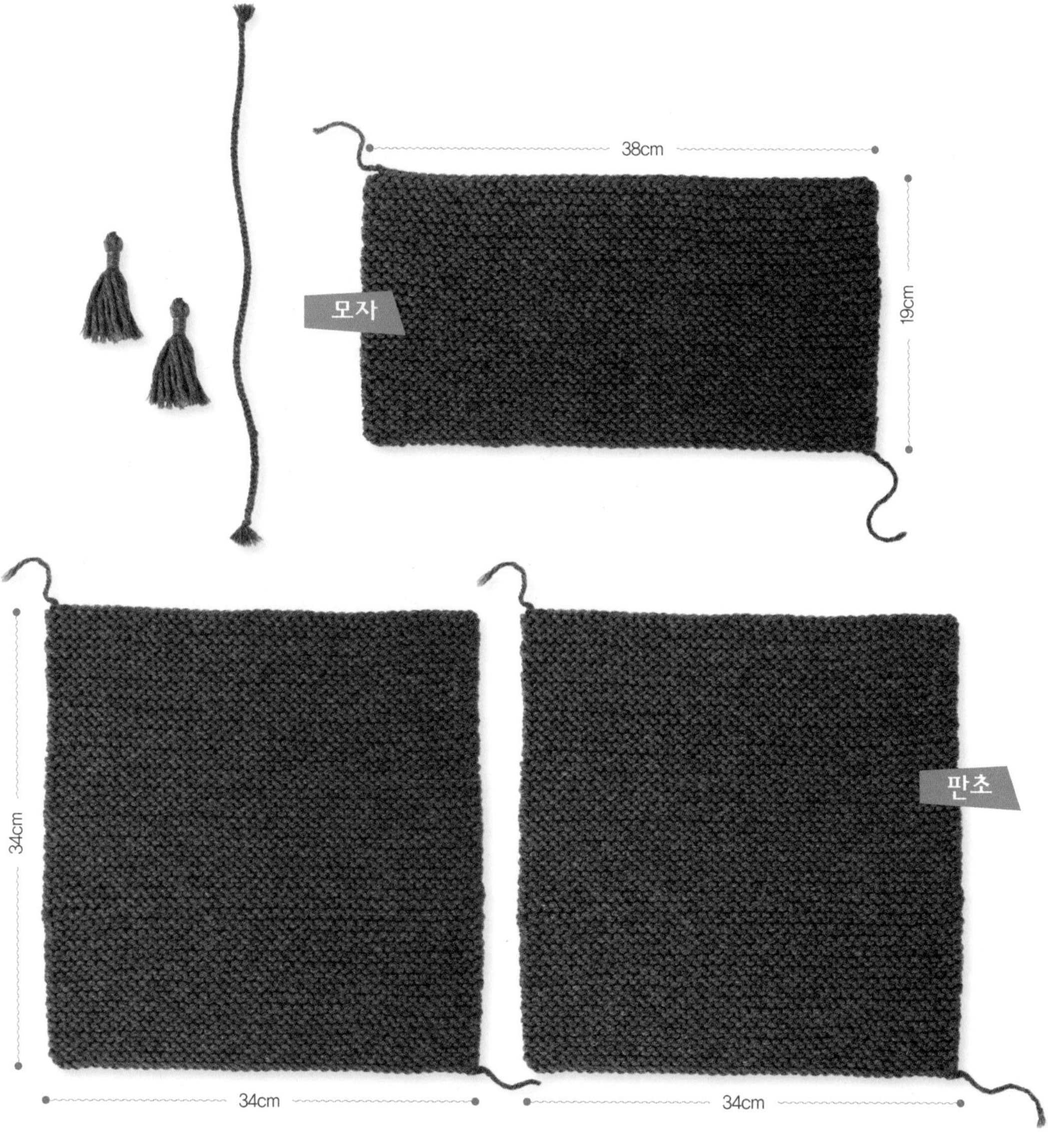
38cm
19cm
모자
34cm
34cm
판초
34cm

How to make

판초 ଓ

사이즈 12개월

준비물
실:필다르사의 파트너 6(PARTENER 6 : 나일론 50%,
　울 25%, 아크릴 25%) 다크 그레이(Minerai) 5볼
대바늘 5.5mm, 돗바늘 1개
*가터뜨기 게이지 14코 26단

만들기
1. 시작코 48코를 잡아 가터뜨기로 34cm(88단) 뜬다.
2. 다음 단에서 모든 코를 코막음한다.
3. 같은 방법으로 한 장 더 뜬다.

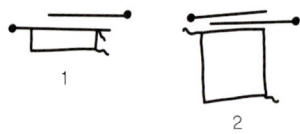

연결하기
1. 실을 정리한다.
2. 2겹을 겹쳐놓은 후 같은 색의 봉제선끼리 돗바늘로 꿰맨다.
3. 장식술을 1개 만들어서 앞쪽 칼라에 고정해준다. 22.5cm 꿰맨다.

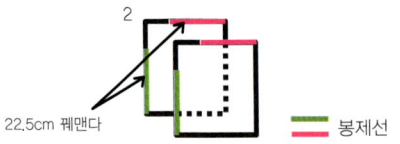

모자 ଓ

사이즈 12개월

준비물
실:필다르사의 파트너 6(PARTENER 6 : 나일론 50%,
　울 25%, 아크릴 25%) 다크 그레이(Minerai) 2볼
대바늘 5.5mm, 돗바늘 1개
*가터뜨기 게이지 14코 26단

만들기
1. 시작코 54코를 잡아 가터뜨기로 19cm(50단) 뜬다.
2. 다음 단에서 모든 코를 코막음한다.

장식술
1. 두꺼운 종이를 9cm 높이로 자른 후 실로 종이를 여러 번 감아준다.
2. 위쪽에서 실을 통과시킨 후 아래쪽에서 실을 자른다.
3. 나온 실로 중앙을 묶은 후 양쪽을 잘라 장식술의 길이를 다듬는다.

땋은 끈(54 페이지 참고)
실을 1올씩 3개로 땋는다.

연결하기
1. 실을 정리한다.
2. 모자를 점선에 따라 반으로 접는다.
3. 봉제선을 따라 돗바늘로 꿰맨다.
4. 땋은 끈을 32cm 길이로 만들고 장식술 2개를 만든다. 땋은 끈을 코 사이로 통과시킨 후 땋은 끈의 양 끝에 장식술을 고정하고 끈을 조인다.

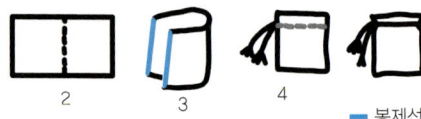

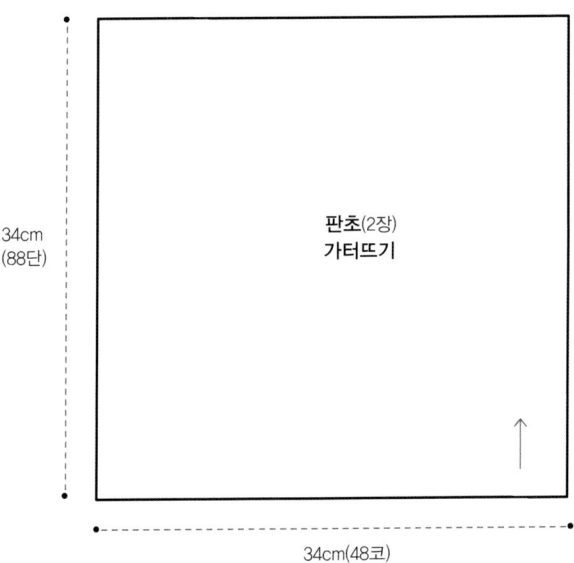

34cm
(88단)

판초(2장)
가터뜨기

34cm(48코)

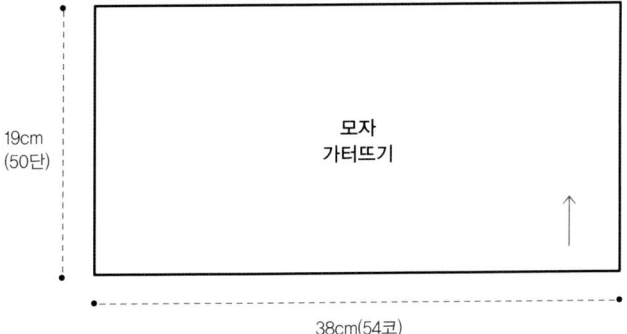

19cm
(50단)

모자
가터뜨기

38cm(54코)

16
망토 카디건
Gilet-cape

망토를 응용한 개성 있는 카디건이에요.
독특하고 귀여운 디자인의
이 카디건을 입히면 아기가
마치 꼬마 마법사처럼 귀엽답니다.
단정한 칼라를 만들고
단추를 세 개 달면 어디엘 가도
주목받는 멋진 외투가 될 거예요.

미리 보는 뜨개 조직
12개월

뒤판 — 19cm × 25cm

앞판 — 19cm × 13cm

어깨 — 23cm × 24cm

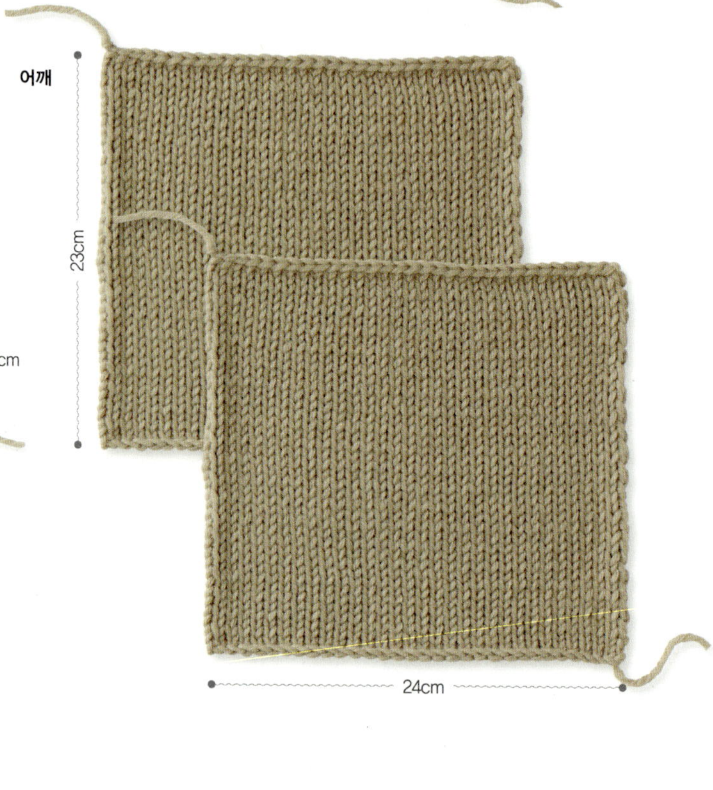

밴드 — 2.5cm × 8cm

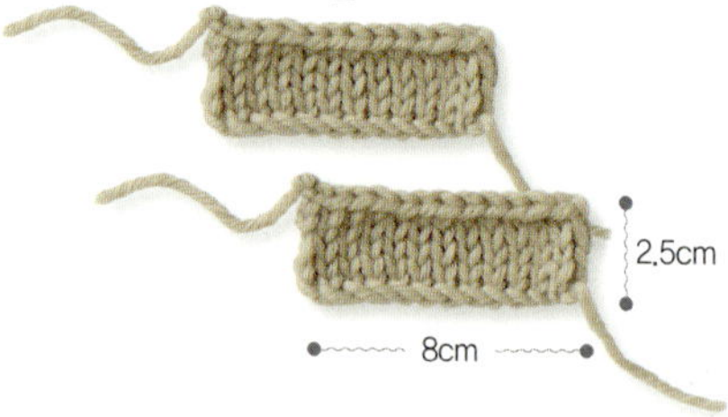

How to make

망토 카디건

사이즈 12개월

준비물
실 : 필다르사의 파트너 6(PARTENER 6 : 나일론 50%,
　　울 25%, 아크릴 25%) 베이지 4볼
대바늘 5.5mm, 돗바늘 1개, 단추 3개
*게이지 16코 22단

만들기

어깨
1. 시작코 38코 잡아 메리야스뜨기로 23cm(50단) 뜬다.
2. 다음 단에서 코막음하고 한 장 더 뜬다.

뒤판
1. 시작코 40코 잡아 메리야스뜨기로 19cm(42단) 뜬다.
2. 다음 단에서 코막음한다.

앞판
1. 시작코 21코 잡아 메리야스뜨기로 19cm(42단) 뜬다.
2. 다음 단에서 코막음하고 한 장 더 뜬다.

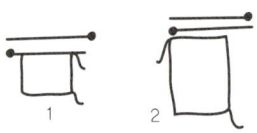

밴드
1. 시작코 13코 잡아 메리야스뜨기로 2.5cm(6단) 뜬다.
2. 다음 단에서 코막음하고 한 장 더 뜬다.

연결하기
1. 남아 있는 실들은 모두 정리한 후 같은 색의 봉제선 끼리 돗바늘로 꿰맨다.
2. 점선을 따라 접어준다.
3. 밴드를 이용해서 뒤판과 앞판을 고정한다.
4. 오른쪽 앞판에 단춧구멍 3개를 만들고 반대쪽에 단추를 달아준다. 칼라를 접는다.

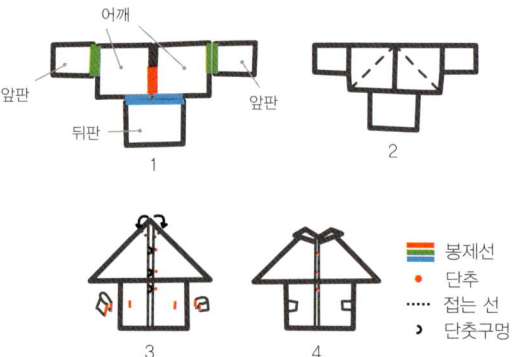

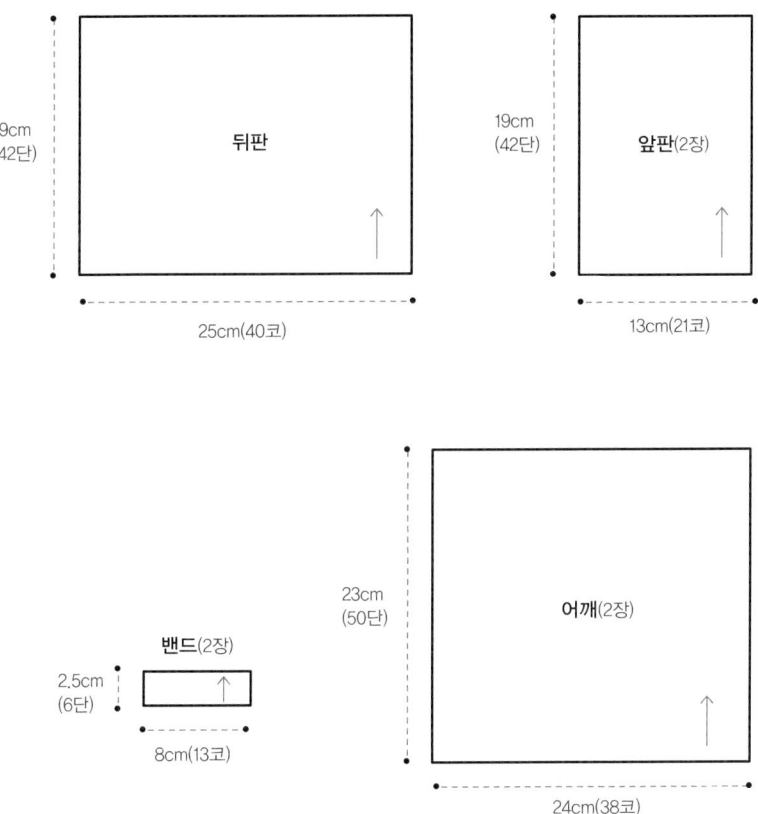

17
목도리와 판초
Écharpe & Poncho

부드러운 촉감의 보온성이 우수한 실로 한눈에 반할 만큼
매력적인 세트를 만들어보세요.
후드 달린 판초는 소매를 돌돌 말아 올려 더욱 앙증맞죠.
목도리에는 컬러 포인트를 줘서 경쾌한 분위기를 냈어요.
보기만 해도 따뜻해지는 한 쌍이죠?

미리 보는 뜨개 조직
12개월

판초

35cm · 78cm

몸판

19cm · 43cm

후드

10cm · 91cm

목도리

How to make

목도리

사이즈 12개월

준비물

실 : 필다르사의 필듀스(PHIL DOUCE : 폴리에스테르 100%) 초콜릿(Choco) 1볼, 루비(Rubi) 1볼, 오렌지(Orange) 1볼

대바늘 5mm, 돗바늘 1개

*게이지 14코 23단

만들기

1. 시작코 14코를 잡아 메리야스뜨기를 한다.
2. 91cm(170단) 뜬 후 모든 코를 코막음하고 실을 정리한다.

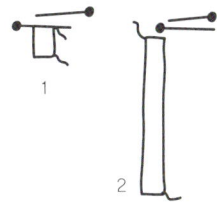

줄무늬 메리야스뜨기

초콜릿색 10단 → 루비색 10단 → 초콜릿색 10단 → 오렌지색 10단

위의 40단을 총 4번 반복한 후 마지막에 초콜릿색 10단을 더 뜨고 끝낸다.

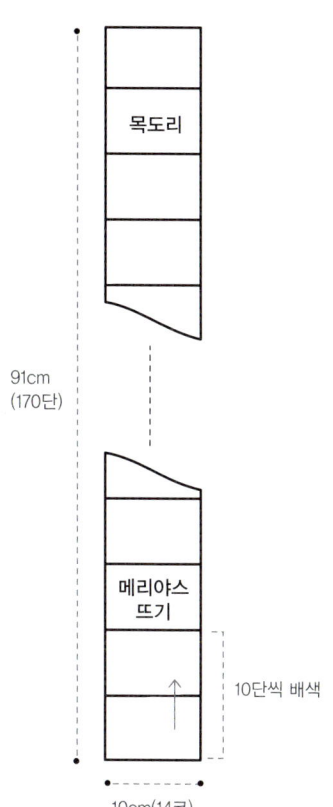

How to make

판초 ⌇

사이즈 12개월

준비물
실:필다르사의 필듀스(PHIL DOUCE : 폴리에스테르 100%) 초콜릿(Choco) 3볼
대바늘 5mm, 돗바늘 1개, 단추 4개
*게이지 14코 23단

만들기

몸판
1. 시작코 49코를 잡아 메리야스뜨기를 한다.
2. 78cm(180단) 뜬 후 모든 코를 코막음한다.

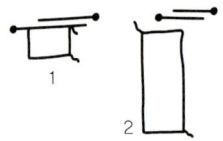

후드
1. 시작코 27코를 잡아 메리야스뜨기를 한다.
2. 43cm(98단) 뜬 후 모든 코를 코막음한다.

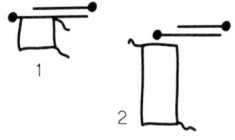

판초
1. 실을 정리한다.
2. 후드를 점선에 따라 반으로 접고 봉제선을 따라 돗바늘로 꿰맨다.
3. 몸판의 안면 위에 후드의 아랫부분을 평평하게 펴놓은 후 같은 색의 봉제선끼리 돗바늘로 꿰맨다.
4. 판초를 뒤집어서, 그림과 같이 접은 후 같은 색의 봉제선끼리 돗바늘로 꿰맨다.
5. 다시 판초를 뒤집어서, 그림과 같이 접은 후 같은 색의 봉제선끼리 돗바늘로 꿰맨다.
6. 단추를 달아주고, 코를 벌려 단춧구멍을 만든다.

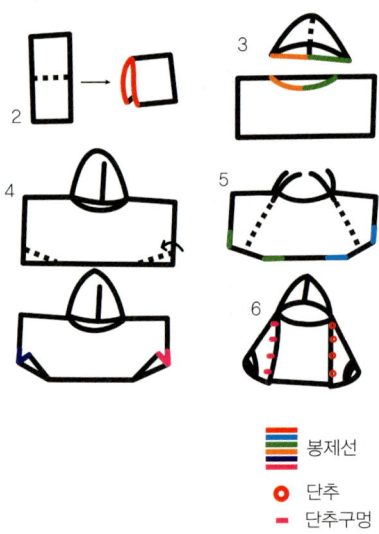

≡ 봉제선
○ 단추
— 단추구멍

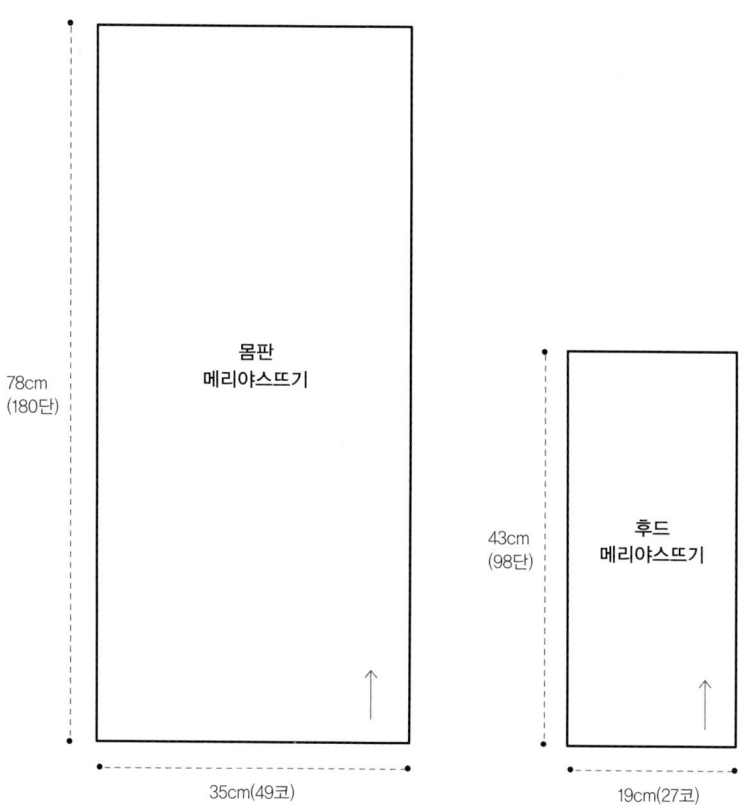

18
카디건
Paletot

예쁜 가터뜨기로 디테일을 강조한 카디건!
귀여운 칼라와 더블브레스트 버튼으로 단정한 느낌을 줘요.
아이보리색 실을 사용해서 아기 얼굴도 환해 보인답니다.
구석구석 엄마의 정성이 담긴 카디건을 선물해보세요.

미리 보는 뜨개 조직
12개월

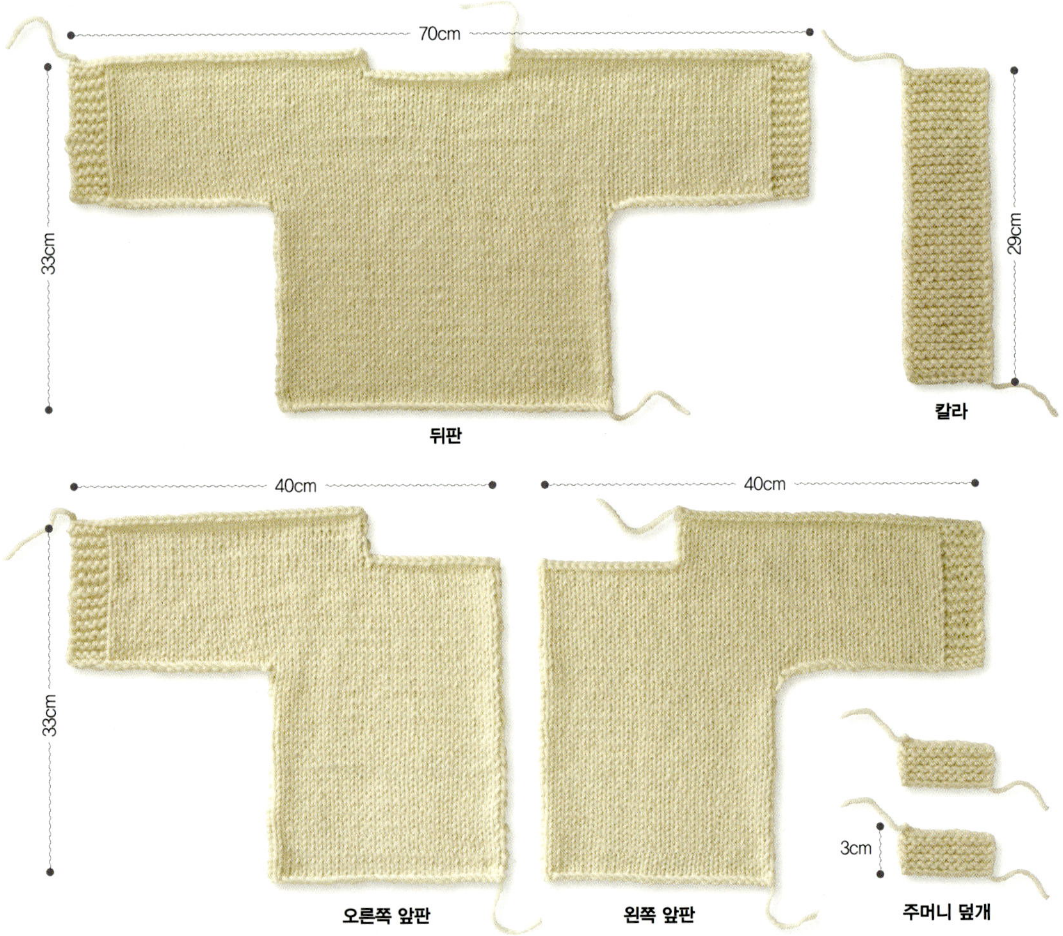

70cm

33cm

뒤판

29cm

칼라

40cm

33cm

오른쪽 앞판

40cm

왼쪽 앞판

3cm

주머니 덮개

How to make

카디건

사이즈 12개월

준비물
실: 필다르사의 파트너 6(PARTENER 6 : 나일론 50%, 울 25%, 아크릴 25%) 아이보리(Écru) 6볼
대바늘 5.5mm, 바늘막음 1개, 돗바늘 1개, 단추 4개
*메리야스 게이지 16코 22단, 가터뜨기 게이지 16코 32단

만들기
뒤판
1. 시작코 50코 잡아 메리야스뜨기로 19cm(42단) 뜬다.
2. 다음 단을 시작하기 전에 감아코 만들기로 31코를 만든다. 감아코 31코와 50코를 연속하여 뜬 후 감아코 만들기로 31코를 만든다. 총 112코가 된다.
3. 다음과 같이 이어 뜬다.
   : 가터뜨기 5코 → 메리야스뜨기 102코 → 가터뜨기 5코
4. 전체 높이가 32cm(70단)가 되면 처음 46코를 뜬 후 바늘막음으로 막아두고, 새로운 바늘로 다음 20코를 코막음하고, 남은 코는 끝까지 뜬다. 마지막에 뜬 46코를 가지고 높이가 1cm(2단) 될 때까지 뜬다.
5. 다음 단에서 46코를 코막음한다.
6. 쉼코로 두었던 46코를 높이가 1cm(2단) 될 때까지 뜬다.
7. 다음 단에서 모든 코를 코막음한다.

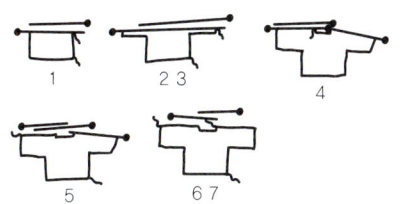

오른쪽 앞판
1. 시작코 33코 잡아 메리야스뜨기로 19cm(42단) 뜬다.
2. 다음 단에서 33코를 뜨고 감아코 만들기로 31코를 만든다. 총 64코가 된다.
3. 다음과 같이 이어 뜬다.
   : 메리야스뜨기 59코 → 가터뜨기 5코
4. 전체 높이가 29cm(64단)가 되면 처음 13코를 코막음한다.
5. 46코가 남는다. 계속해서 이어 뜬다.
6. 전체 높이가 33cm(72단)가 되면 모든 코를 코막음한다.

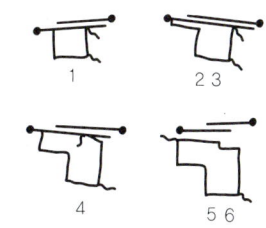

How to make

왼쪽 앞판
1. 시작코 33코 잡아 메리야스뜨기로 19cm(42단) 뜬다.
2. 다음 단을 시작하기 전에 감아코 만들기로 31코를 만든다. 총 64코가 된다.
3. 다음과 같이 이어 뜬다.
   : 가터뜨기 5코 → 메리야스뜨기 59코
4. 전체 높이가 29cm(64단)가 되면 한 단을 더 뜬다.
   (뜨개 조직의 안쪽 면이 본인 앞으로 오게 한다.)
5. 다음 단에서 처음 13코를 코막음한다.
6. 46코가 남는다. 계속해서 이어 뜬다.
7. 전체 높이가 33cm(72단)가 되면 모든 코를 코막음 한다.

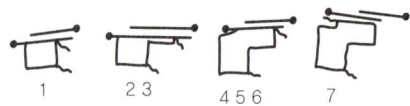

칼라
1. 시작코 10코를 잡아 가터뜨기로 29cm(92단) 뜬다.
2. 다음 단에서 모든 코를 코막음한다.

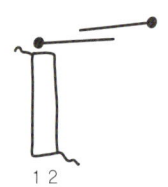

주머니 덮개
1. 시작코 13코를 잡아 가터뜨기로 3cm(10단) 뜬다.
2. 다음 단에서 모든 코를 코막음한다.
3. 같은 방법으로 한 장 더 뜬다.

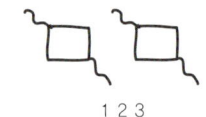

연결하기
1. 실을 정리한다.
2. 뒤판과 앞판을 겹쳐놓고, 같은 색상의 봉제선끼리 돗바늘로 꿰맨다.
3. 칼라와 장식용 주머니 덮개를 꿰맨다.
4. 오른쪽 앞판에 코를 벌려 단춧구멍을 만들고 반대쪽에 단추를 달아준다.

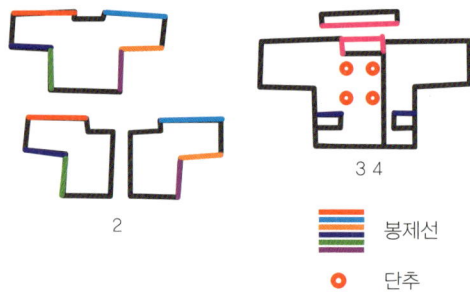

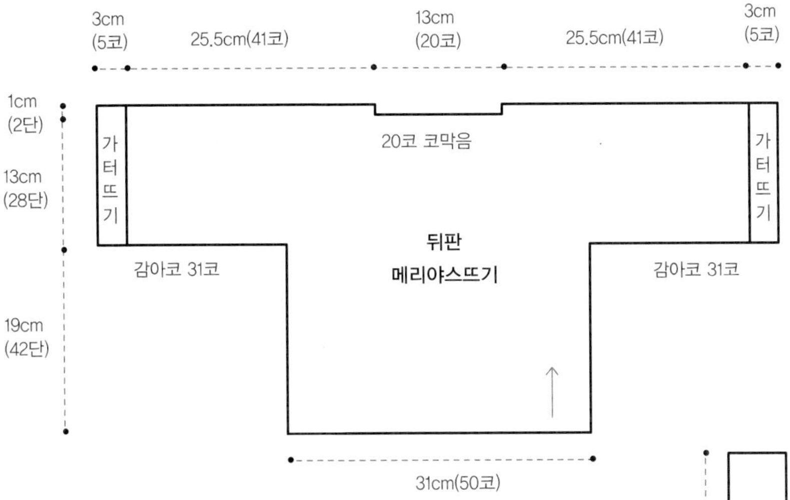

뒤판

- 3cm (5코)
- 25.5cm (41코)
- 13cm (20코)
- 25.5cm (41코)
- 3cm (5코)
- 1cm (2단)
- 13cm (28단)
- 19cm (42단)
- 20코 코막음
- 가터뜨기
- 뒤판 메리야스뜨기
- 감아코 31코
- 31cm (50코)

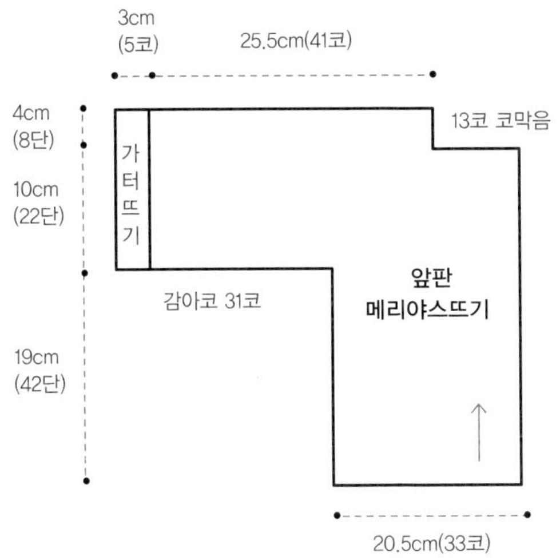

앞판

- 3cm (5코)
- 25.5cm (41코)
- 4cm (8단)
- 10cm (22단)
- 19cm (42단)
- 13코 코막음
- 가터뜨기
- 감아코 31코
- 앞판 메리야스뜨기
- 20.5cm (33코)

칼라

- 29cm (92단)
- 가터뜨기
- 6cm (10코)

주머니 덮개 (2장)

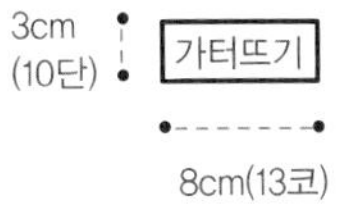

- 3cm (10단)
- 가터뜨기
- 8cm (13코)

Paletot

119

19
카디건 또는 풀오버
Cardigan ou Pull

여자아이인가요? 남자아이인가요?
앞여밈 또는 뒷여밈, 파란색 멜빵끈 또는 핑크색 리본 …….
원하는 대로 디테일을 선택할 수 있어요.
우리 아기에게 잘 어울리는 디자인으로 창의적인 작품을 만들어보세요.

미리 보는 뜨개 조직
12개월

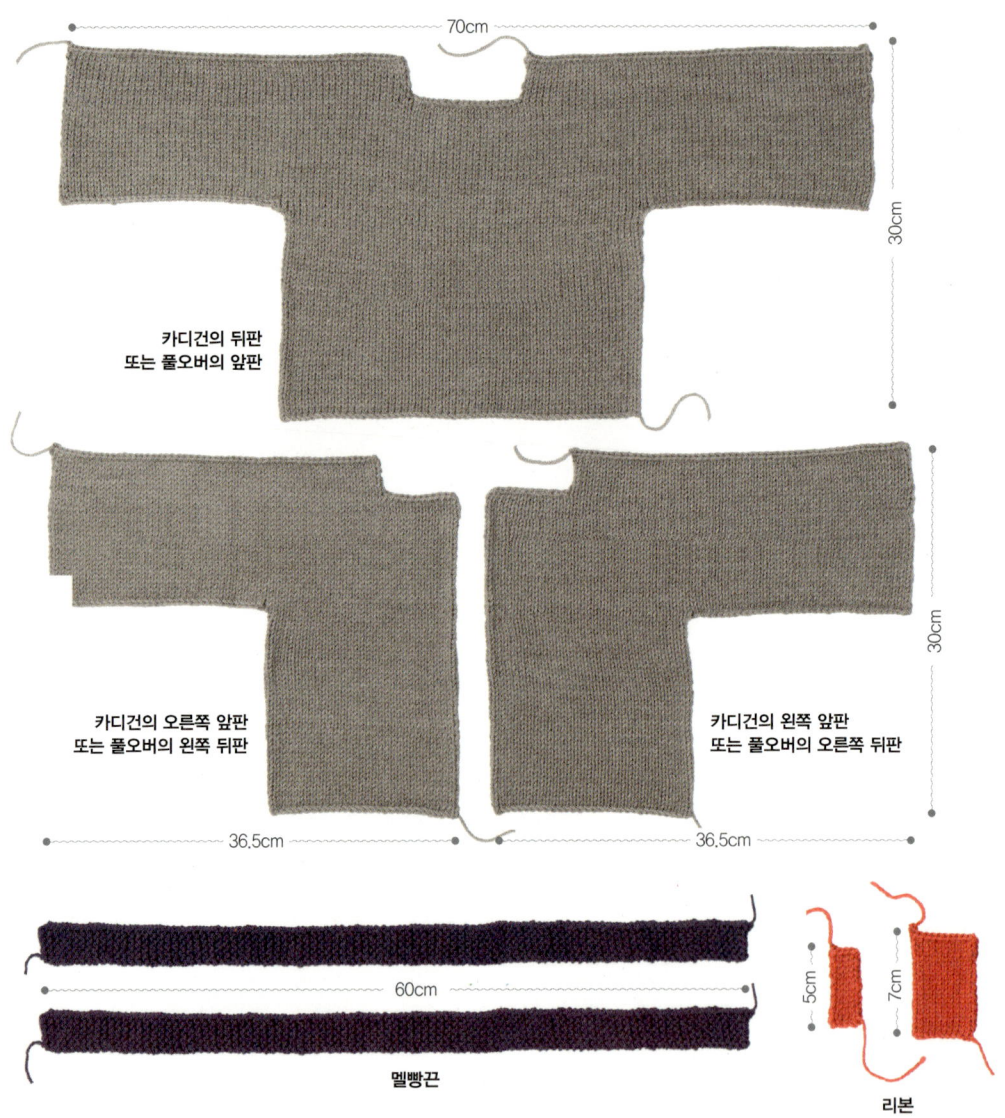

How to make

카디건 또는 풀오버

사이즈 12개월

준비물
실 : 필다르사의 파트너 3.5(PARTENER 3.5 : 나일론 50%, 울 25%, 아크릴 25%) 라이트 그레이(Acier) 4볼, 씨블루(Naval) 1볼 또는 핑크(Grenadine) 1볼
대바늘 3.5mm 2세트, 바늘막음 1개, 돗바늘 1개
카디건은 스냅단추 1개, 풀오버는 스냅단추 5개
*메리야스 게이지 23코 30단, 가터뜨기 게이지 23코 40단

만들기
뒤판
1. 라이트 그레이색 실로 시작코 67코를 잡아 메리야스뜨기로 18cm(54단) 뜬다.
2. 다음 단을 시작하기 전에 감아코 만들기로 47코를 만든 후 67코를 이어 뜨고, 다시 감아코 만들기로 47코를 만든다. 총 161코가 된다.
3. 계속해서 메리야스뜨기를 한다.
4. 전체 높이가 27.5cm(82단)가 되면 처음 68코를 뜨고 바늘막음으로 막아둔다. 새로운 바늘로 다음 25코를 코막음하고 남은 코는 끝까지 뜬다. 마지막 68코를 가지고 높이가 2.5cm(8단) 될 때까지 뜬다.
5. 다음 단에서 68코를 코막음한다.
6. 쉼코로 두었던 68코를 가지고 높이가 2.5cm(8단) 될 때까지 뜬다.
7. 다음 단에서 모든 코를 코막음한다.

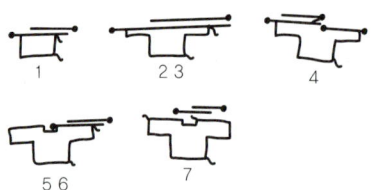

왼쪽 앞판
1. 라이트 그레이색 실로 시작코 37코를 잡아 메리야스뜨기로 18cm(54단) 뜬다.
2. 다음 단에서 37코를 뜨고 감아코 만들기로 47코를 만든다. 총 84코가 된다.
3. 계속해서 메리야스뜨기를 한다.
4. 전체 높이가 27.5cm(82단)가 되면 처음 16코를 코막음하고 남은 68코를 가지고 높이가 2.5cm(8단) 될 때까지 뜬다.
5. 다음 단에서 모든 코를 코막음한다.

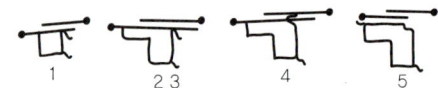

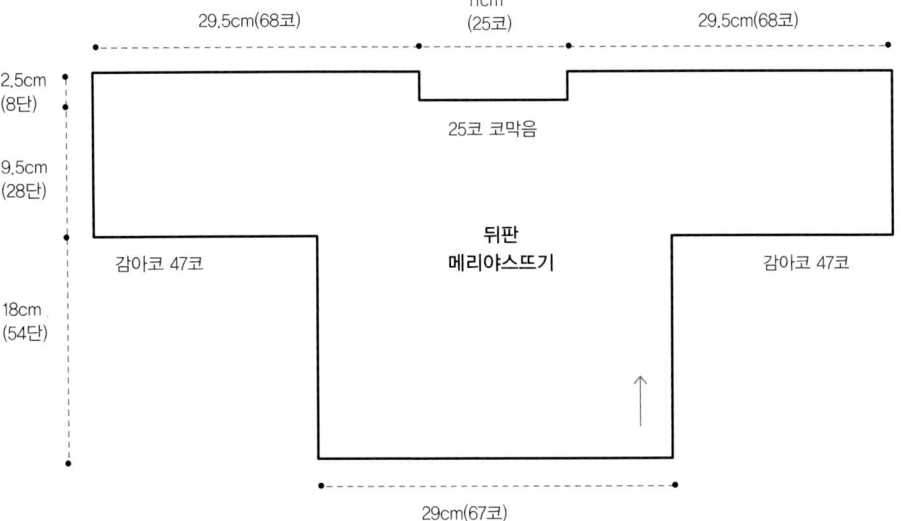

How to make

오른쪽 앞판
1. 라이트 그레이색 실로 시작코 37코를 잡아 메리야스뜨기로 18cm(54단) 뜬다.
2. 다음 단에서 단을 시작하기 전에 감아코 만들기로 47코를 만든다. 총 84코가 된다.
3. 계속해서 메리야스뜨기로 뜬다.
4. 전체 높이가 27.5cm(82단)가 되면 한 단을 더 뜬다. (뜨개 조직의 안쪽 면이 본인 앞으로 오게 한다.)
5. 다음 단에서 처음 16코는 코막음하고 남은 68코를 가지고 높이가 2.5cm(8단)될 때까지 뜬다.
6. 다음 단에서 모든 코를 코막음한다.

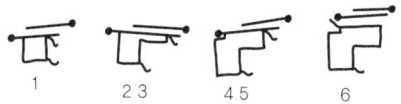

멜빵끈
1. 씨블루색 실로 시작코 6코를 잡아 가터뜨기로 60cm(240단) 뜬다.
2. 다음 단에서 모든 코를 코막음한다. 같은 방법으로 멜빵끈을 한 장 더 뜬다.

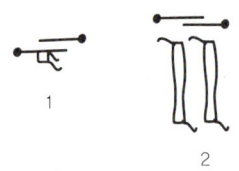

리본
1. 핑크색 실로 시작코 5코를 잡아 메리야스뜨기로 5cm(15단) 뜬 후 코막음한다.
2. 핑크색 실을 이용해서 시작코 12코를 잡아 메리야스뜨기로 7cm(21단) 뜬 후 코막음한다.

연결하기
1. 실을 정리한다.
2. 뒤판과 앞판을 겉면끼리 맞대고 같은 색상의 봉제선끼리 돗바늘로 꿰맨다.
3. 리본은 큰 조각의 중앙을 작은 조각으로 한 바퀴 돌린 후 돗바늘로 꿰맨다.
4. 리본 또는 멜빵끈을 몸판에 꿰매고 스냅단추를 안면에 꿰맨다.

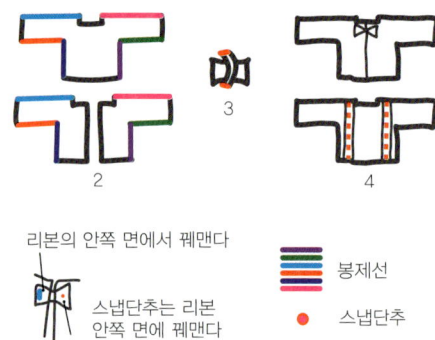

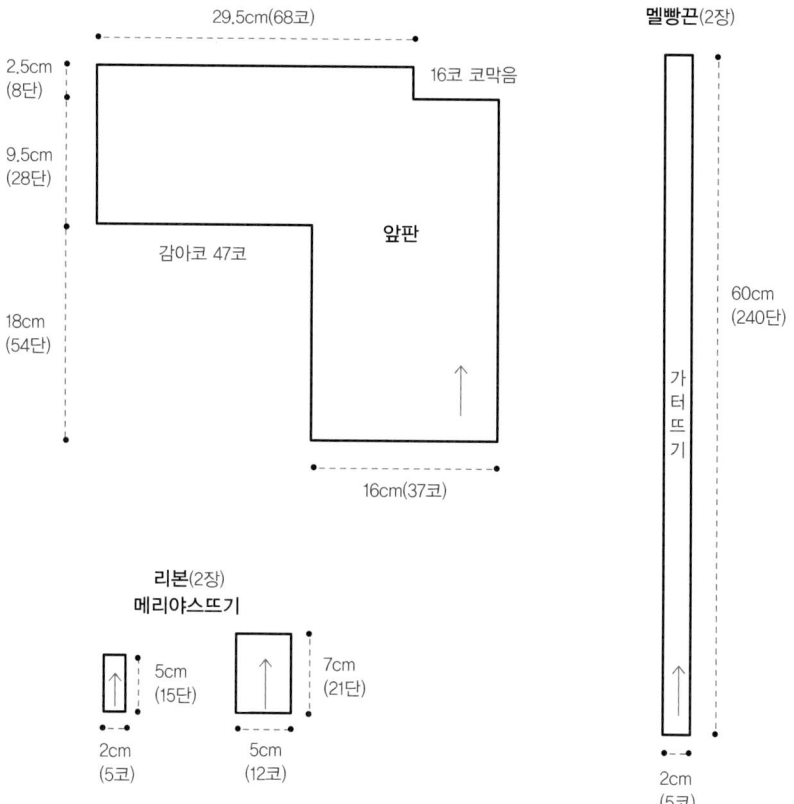

20
덧신과 원피스
Chaussons & Robe

보랏빛 원피스와 덧신. 브이 네크라인,
안메리야스뜨기 그리고 말아 올린 디테일이
정갈한 라인을 잘 살려줘요.
원피스 중앙에는 주름을 잡아 멋을 더했고
덧신은 발목 부분을 접는 디자인이에요.
직접 떴다고는 상상도 못할 고급스러운 색상과 디자인이죠.

미리 보는 뜨개 조직

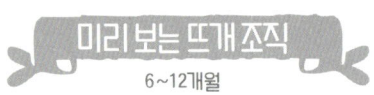

6~12개월

〈원피스 & 덧신 6개월 도식화〉
〈원피스 12개월 도식화〉

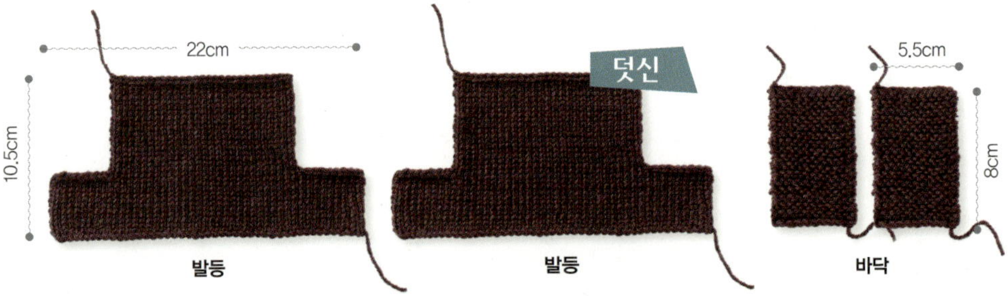

22cm
10.5cm
발등
덧신
발등
5.5cm
8cm
바닥

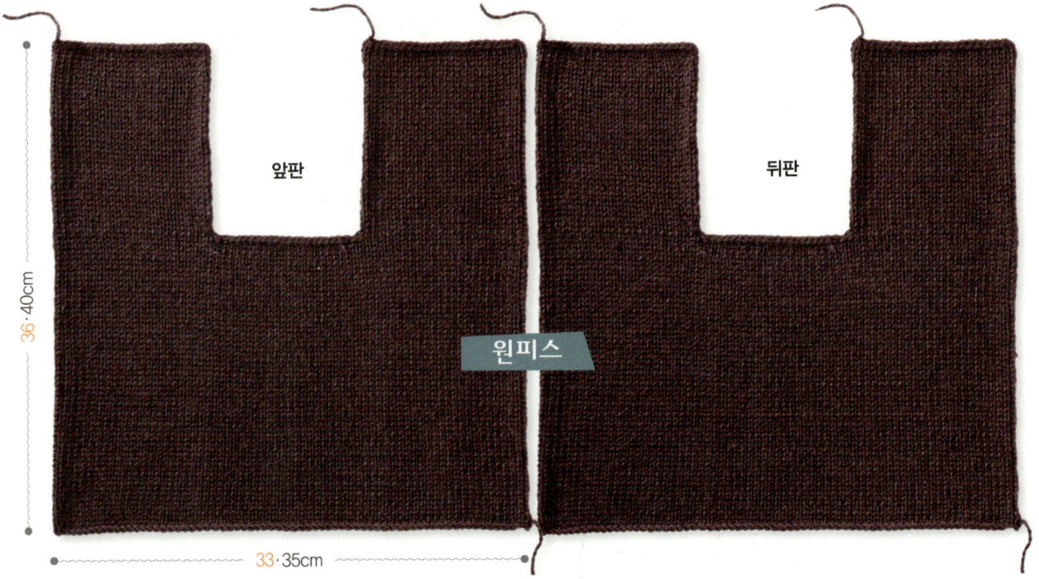

36·40cm
앞판
뒤판
원피스
33·35cm

How to make

덧신

사이즈 6개월

준비물
실 : 필다르사의 파트너 3.5(PARTENER 3.5 : 나일론 50%, 울 25%, 아크릴 25%), 가지색(Aubergine) 1볼
대바늘 3.5mm, 돗바늘 1개
*메리야스 게이지 23코 30단
가터뜨기 게이지 23코 40단

만들기

발등
1. 시작코 51코를 잡아 메리야스뜨기를 한다.
2. 전체 높이가 4.5cm(14단)가 되면 처음 10코는 코막음하고 남은 코는 끝까지 뜬다.
3. 다음 단에서 처음 10코는 코막음하고 남은 코는 끝까지 뜬다. 남은 31코를 가지고 계속해서 메리야스뜨기로 이어 뜬다.
4. 전체 높이가 10.5cm(32단)가 되면 31코 코막음한다. 같은 방법으로 한 장을 뜬다.

바닥
1. 시작코 13코를 잡아 가터뜨기로 뜬다.
2. 전체 높이가 8cm(32단)면 모든 코를 코막음한다.

연결하기
1. 실을 정리한다.
2. 덧신 발등을 안메리야스 조직끼리 마주 보도록 반으로 접은 후 같은 색의 봉제선끼리 꿰맨다.
3. 덧신을 뒤집어 초록색 봉제선을 따라 1cm 꿰맨다.
4. 덧신 바닥을 꿰매는데, 바닥이 둥근 모양이 되도록 모서리를 둥글게 꿰맨다.
5. 발목 부분을 바깥으로 접어준다.

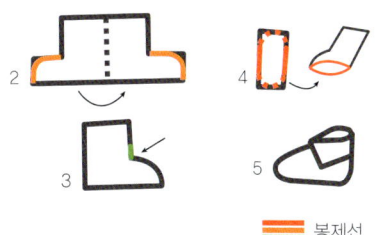

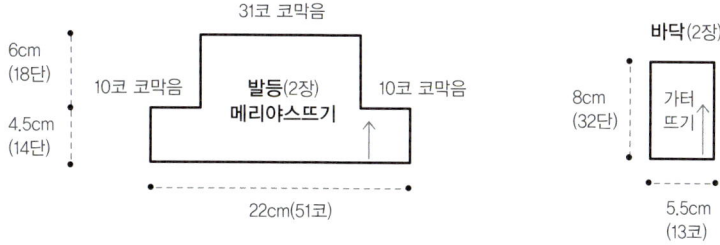

How to make

원피스

사이즈 6개월 · 12개월

준비물
원피스
실: 필다르사의 파트너 3.5(PARTENER 3.5 : 나일론 50%, 울 25%, 아크릴 25%) 가지색(Aubergine) 3볼
대바늘 3.5mm 2세트, 바늘막음 1개, 돗바늘 1개
*메리야스 게이지 23코 30단

만들기

〈6개월 원피스〉

뒤판
1. 시작코 75코를 잡아 메리야스뜨기를 한다.
2. 전체 높이가 23cm(68단)가 되면 처음 26코는 뜬 후 바늘막음으로 막아둔다. 새로운 바늘로 다음 23코는 코막음하고 마지막 26코는 떠준다.
3. 전체 높이가 36cm(108단)가 되면 26코 코막음한다.
4. 쉼코로 두었던 26코로 메리야스뜨기한다.
5. 전체 높이가 36cm(108단)면 26코를 코막음한다.

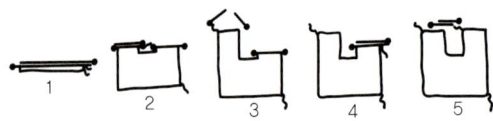

앞판
앞판도 뒤판과 같이 뜬다.

*연결하기는 12개월용 참고.

〈12개월 원피스〉

뒤판(6개월용 수식도안 참고)
1. 시작코 81코를 잡아 메리야스뜨기를 한다.
2. 전체 높이가 26cm(78단)가 되면 처음 28코는 뜬 후 바늘막음으로 막아둔다. 새로운 바늘로 다음 25코는 코막음하고 마지막 28코는 떠준다.
3. 전체 높이가 40cm(120단)면 28코를 코막음한다.
4. 쉼코로 두었던 28코로 메리야스뜨기한다.
5. 전체 높이가 40cm(120단)면 28코를 코막음한다.

앞판
앞판도 뒤판과 같이 뜬다.

연결하기(공통)
1. 실을 정리한다.
2. 두 장을 안면끼리 마주 보도록 겹쳐놓고 같은 색상의 봉제선끼리 돗바늘로 꿰맨다.
3. 가운데 트임 부분을 주황색 봉제선끼리 꿰맨다. 이때 6개월 뒤판은 3cm, 앞판은 5cm 높이만큼 꿰매고, 12개월 뒤판은 4cm, 앞판은 6cm 높이만큼 꿰맨다. 꿰매고 나서 접히는 부분은 일반 봉제실로 안쪽에서 고정해준다.
4. 목둘레는 양쪽으로 4코씩 바깥으로 접어준 후 고정하고, 어깨도 같은 방법으로 접어서 고정한다.

23cm(6개월), 26cm(12개월)만 꿰맨다

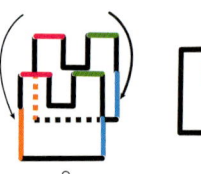 

 봉제선

〈6개월용〉

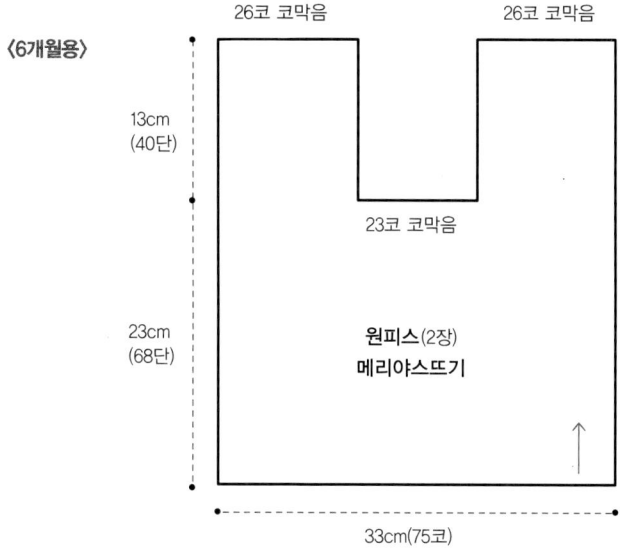

〈12개월용〉

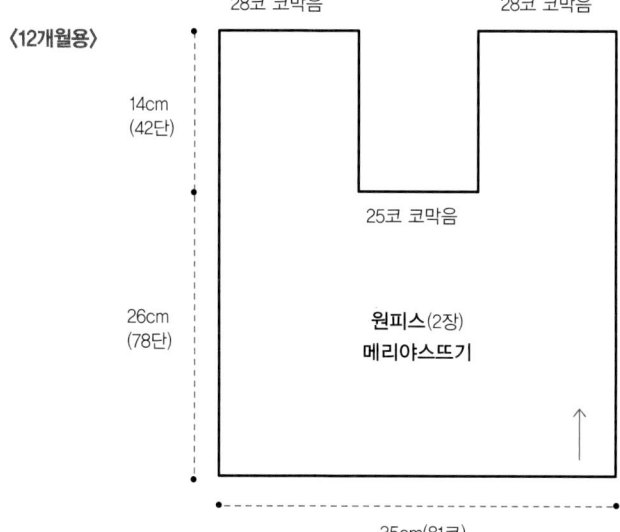

21
풀오버
Brassière

부드러운 촉감의 풀오버를 만들어서
아기에게 포근하게 입혀주세요.
메리야스뜨기로 줄무늬를 표현하고
스퀘어 네크라인으로 세일러복처럼 만들어요.
흰색과 연한 회색의 조화가 패셔너블해요.

미리 보는 뜨개 조직
12개월

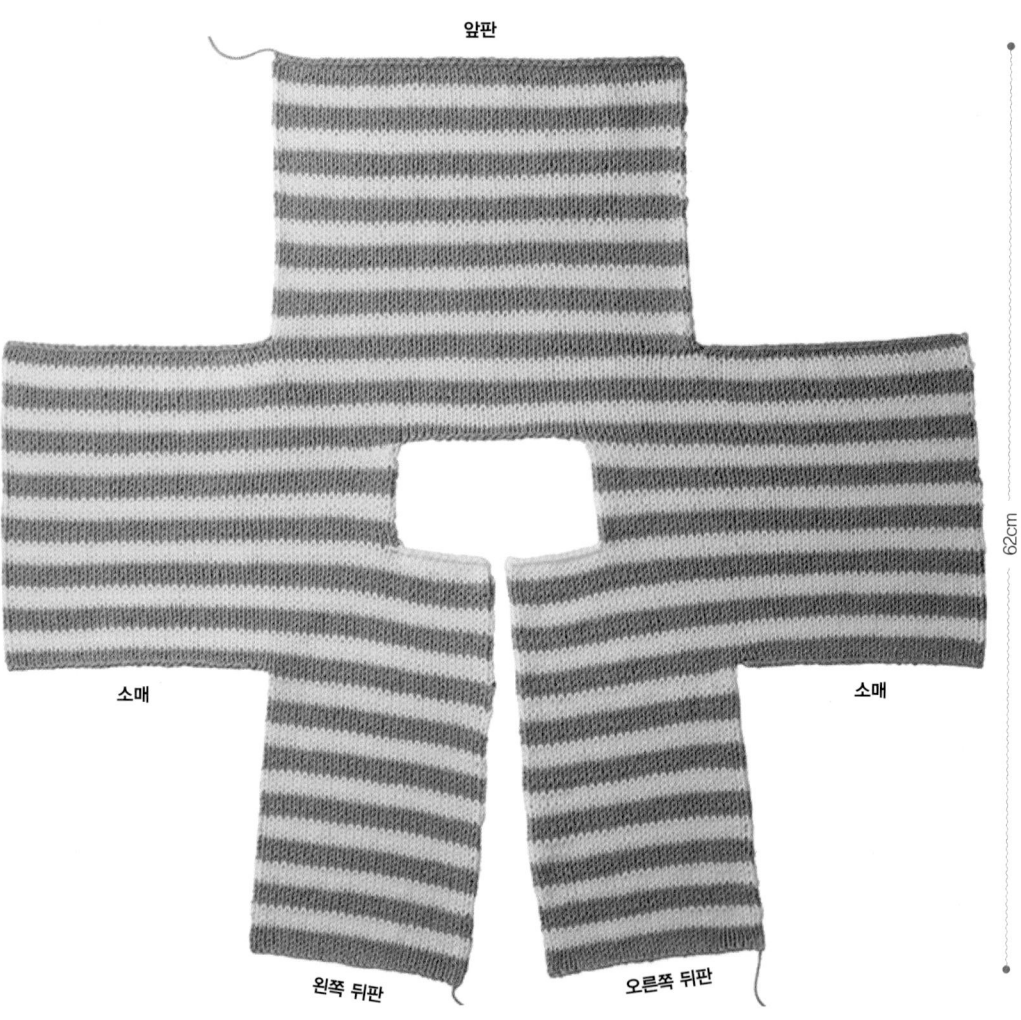

Brassière

How to make

풀오버

사이즈 12개월

준비물
실: 필다르사의 카버틴(CABOTINE : 코튼 55%, 아크릴 45%) 라이트 그레이(Écume) 2볼, 화이트(Craie) 2볼, 그레이(Granit) 1볼
대바늘 3.5mm 2세트, 돗바늘 1개, 바늘막음 1개, 스냅단추 4개
*게이지 21코 30단

만들기

메리야스 배색 무늬뜨기
라이트 그레이 4단 → 화이트 4단
위의 8단을 계속해서 반복한다.

왼쪽 뒤판
1장으로 뜬다.
1. 라이트 그레이색 실로 시작코 33코를 잡아 메리야스 줄무늬로 19cm(58단)를 뜬다.
2. 다음 단에서 33코 뜨고 감아코 만들기로 43코 만든다. 총 76코가 된다.
3. 계속해서 배색무늬를 넣으면서 뜬다.
4. 전체 단수가 29cm(88단)가 되면 처음 15코를 코막음해서 앞 목둘레를 만든다. 61코가 남는다.
5. 계속해서 배색무늬를 넣으면서 뜬다.
6. 전체 단수가 35cm(106단)가 되면 실을 자르고 바늘에 쉼코로 걸어둔다.(바늘막음으로 막아둔다.)

오른쪽 뒤판
1. 라이트 그레이색 실로 시작코 33코를 잡아 메리야스 줄무늬로 19cm(58단)를 뜬다.
2. 다음 단에서 단을 시작하기 전에 감아코 만들기로 43코를 만든다. 총 76코가 된다.
3. 계속해서 배색무늬를 넣으면서 뜬다.
4. 전체 높이가 29cm(88단)가 되면 한 단을 더 뜬다. (뜨개 조직의 안쪽 면이 본인 앞으로 오게 한다.)
5. 다음 단에서 처음 15코는 코막음해서 앞 목둘레를 만든다. 61코가 남는다.
6. 계속해서 배색무늬를 넣으면서 뜬다.

앞판
1. 전체 높이가 35cm(106단)가 되면 61코를 뜨고 감아코 만들기로 25코를 만든 후, 왼쪽 뒤판에 쉼코로 걸려 있던 61코를 이어 뜬다. 총 147코가 된다.
2. 계속해서 배색무늬를 넣으면서 뜬다.
3. 전체 단수가 43cm(130단)가 되면 처음 43코 코막음한다.
4. 다음 단에서 처음 43코 코막음한다. 61코가 남는다.
5. 이 코를 가지고 배색무늬를 넣으면서 58단 더 뜬다.
6. 전체 단수가 62cm(188단)가 되면 모든 코를 코막음한다.

연결하기
1. 실을 정리한다.
2. 풀오버를 반으로 접어서 같은 색상끼리 맞대고 돗바늘로 꿰맨다.
3. 뒤판에 스냅단추를 꿰맨다.
4. 앞 목둘레에 메리야스 스티치로 삼각형 모양을 수놓는다.

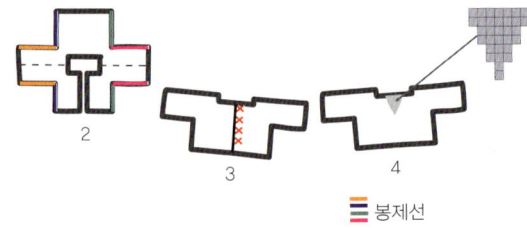

≡ 봉제선
× 스냅단추

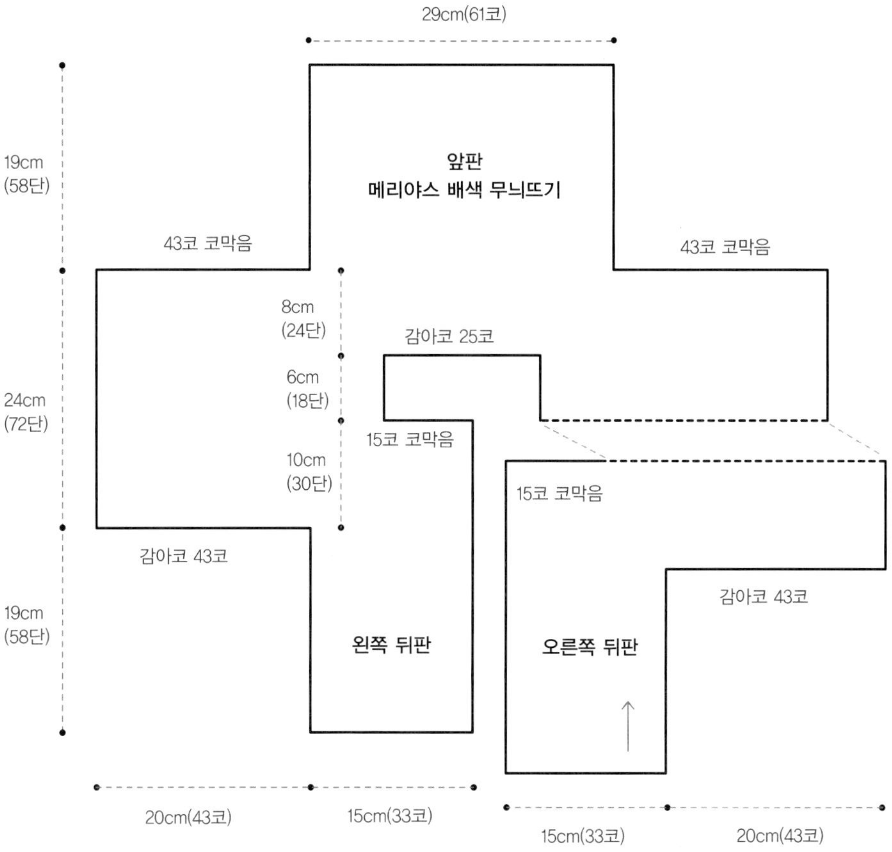

29cm(61코)

앞판
메리야스 배색 무늬뜨기

19cm
(58단)

43코 코막음   43코 코막음

8cm
(24단)
감아코 25코

6cm
(18단)

24cm
(72단)

10cm
(30단)

15코 코막음

15코 코막음

감아코 43코

감아코 43코

왼쪽 뒤판   오른쪽 뒤판

19cm
(58단)

20cm(43코)   15cm(33코)   15cm(33코)   20cm(43코)

139

22
튜닉
Tunique

아주 자연스러운 튜닉이에요.
강렬한 오렌지색과 간단한 뜨개질로
멋진 옷을 만들어주세요.
착용감도 편안해서 아이가 참 좋아한답니다.
이 튜닉을 입고 해변에서 노니는
아이의 모습이 상상되지 않나요?

How to make

튜닉

사이즈 4세(키 102cm)

준비물
실 : 필다르사의 탈레사(THALASSA : 코튼 75%, 리오셀 25%) 오렌지(Coquelicot) 4볼
대바늘 3mm, 대바늘 9mm, 돗바늘 1개, 단수표시링

*게이지
응용무늬(대바늘 3mm, 대바늘 9mm를 번갈아 정사각형 10cm) = 12코 18단
1단: 대바늘 3mm를 이용해 모두 겉뜨기한다.
2단: 대바늘 9mm를 이용해 모두 겉뜨기한다.

만들기
1. 대바늘 3mm를 사용해서 시작코 49코를 잡는다.
2. 대바늘 3mm와 9mm를 번갈아 사용해서 응용무늬 뜨기를 한다.
3. 전체 높이가 29cm(52단)가 되면 단수표시링을 걸어두어 진동둘레의 시작점을 표시한다.
   계속해서 일자로 뜬다.
4. 전체 높이가 45cm(80단)가 되면 모든 코를 코막음 한다. 이때 중앙의 27코가 네크라인이 되므로 단수표시링을 걸어둔다.{11코(어깨) → 단수표시링 → 27코(네크라인) → 단수표시링 → 11코(어깨)}
5. 같은 방법으로 한 장 더 뜬다.

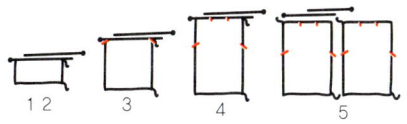

연결하기
단수표시링으로 표시된 부분의 어깨선과 옆선을 꿰맨다.

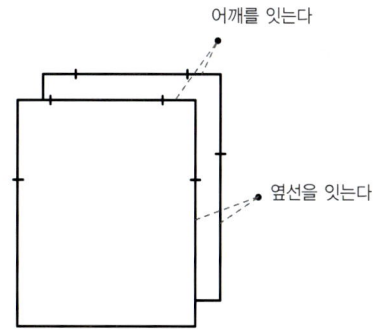

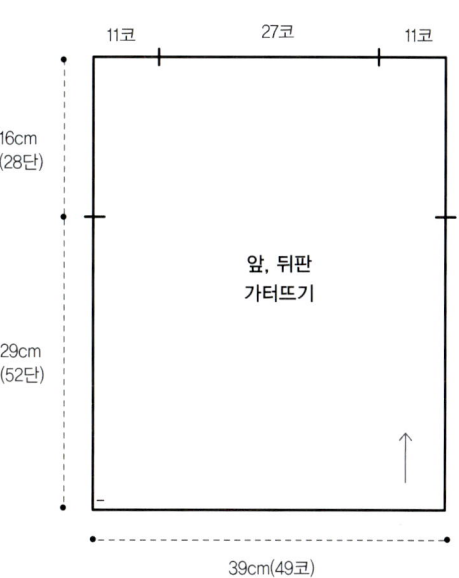

23
리본 달린 민소매티
Débardeur

가슴에 큰 리본을 단 여성스러운 민소매티.
로맨틱한 디자인과 연회색의 세련된 분위기가 아이를 분위기 있게 만들어줘요.
이 옷을 입은 날은 공기 좋은 곳으로 소풍이라도 가야 할 것 같죠.

How to make

민소매티

사이즈 2세

준비물
실 : 필다르사의 코튼 3, 연회색(perle) 3볼
대바늘 2.5mm, 대바늘 3mm, 돗바늘 1개, 단수표시링, 안전핀

*게이지
3mm 대바늘 안메리야스 게이지 10cm 안에 26코 35단

만들기

뒤판

1. 2.5mm 대바늘을 사용해서 시작코 82코를 잡아 가터뜨기로 1cm(4단) 뜬다.
2. 3mm 대바늘로 바꿔 안메리야스가 겉으로 나오게 뜬다. 양쪽 끝 옆선을 줄인다.
3. 10단마다 1코씩 줄이기 4번, 8단마다 1코 줄이기 2번을 한다.
4. 양쪽 옆선을 줄이고 나면 70코가 된다.
5. 가터뜨기 이후로 18cm(64단)이 되면 양쪽에서 3코 코막음을 한다.
6. 2단마다 2코 줄이기 3번, 2단마다 1코 줄이기 4번을 한다.
7. 진동을 줄이고 나면 44코가 된다.
8. 가터뜨기 이후로 26cm(92단)이 되면 중심에서 6코 코막음을 한다.
9. 양쪽 목둘레를 2단마다 3코 줄이기 1번, 2단마다 2코 줄이기 2번, 2단마다 1코 줄이기 3번을 한다.
10. 가터뜨기 이후로 29cm(102단)이 되면 어깨 경사를 코막음해서 만들어준다.
11. 어깨 경사 2단마다 3코 코막음을 3번을 한다. 반대편으로 대칭되게 뜬다.

중앙 띠

3mm 대바늘을 사용해 73코를 잡아 56코에 표시핀으로 표시하고 3.5cm(12단)을 메리야스뜨기 한다.(겉메리야스가 겉으로 나온다.)

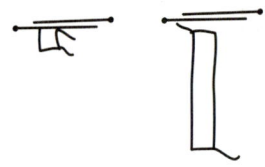

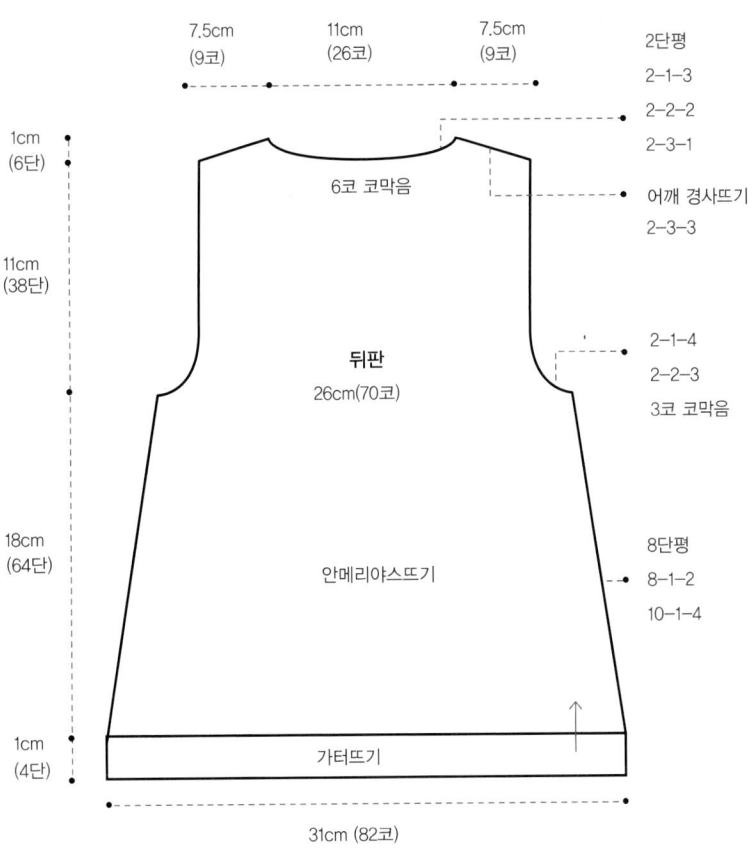

How to make

앞판

1. 앞판은 왼쪽부터 시작한다.
2. 2.5mm 대바늘을 사용해서 시작코 38코를 잡은 후 가터뜨기로 1cm(4단)뜬다.
3. 3mm 대바늘로 바꿔 안메리야스가 겉으로 나오게 뜬다. 옆선을 줄인다.
4. 10단마다 1코씩 줄이기 4번, 8단마다 1코 줄이기 2번을 한다.
5. 옆선을 줄이고 나면 32코가 된다.
6. 가터뜨기 이후로 18cm(64단)이 되면 오른쪽 끝에서 3코 코막음을 한다.
7. 2단마다 2코 줄이기 3번, 2단마다 1코 줄이기 4번을 한다.
8. 가터뜨기 이후로 18.5cm(66단)이 되면 뜨고 있던 왼쪽은 안전핀에 옮긴다.
9. 반대편도 대칭되게 뜬다.
10. 2번째 부분 연결은 첫 번째(왼쪽 부분)에서 감아코 6코를 만들고 2번째 판으로 연결한다.(진동둘레는 계속 줄이면서 진행한다.)
11. 진동을 줄이고 나면 44코가 된다.
12. 가터뜨기 이후로 19cm(67단)이 되면 도안과 같이 목둘레를 한 쪽씩 나누어 줄이면서 뜬다.
13. 2단마다 1코 줄이기 1번, 4단마다 1코 줄이기 1번을 총 6번 반복한다.
14. 가터뜨기 이후로 29cm(102단)이 되면 어깨 경사를 코막음해서 만들어준다.
15. 어깨 경사 2단마다 3코 코막음을 3번 한다. 반대편도 대칭이 되게 뜬다.

리본 장식

3mm 대바늘을 사용해서 시작코 26코를 잡아 메리야스 뜨기로 16cm(56단) 뜬다.(겉메리야스가 겉으로 나온다.)

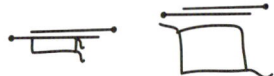

연결하기

1. 옆선은 돗바늘을 사용해서 꿰맨다.
2. 어깨는 돗바늘을 사용해서 메리야스잇기로 꿰맨다.
3. 중앙 띠는 표시핀으로 표시한 부분까지 앞부분과 연결한다. 이때 앞판을 가장자리 2코가 겉으로 나오게 꿰맨다.
4. 앞판 상단에 리본을 놓고, 리본의 가운데 부분을 조여서 중앙 띠 나머지 부분에 통과시켜 고정해준다.

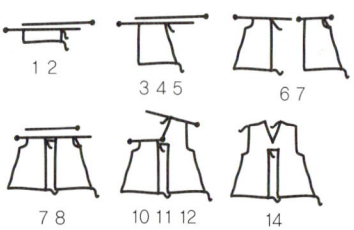

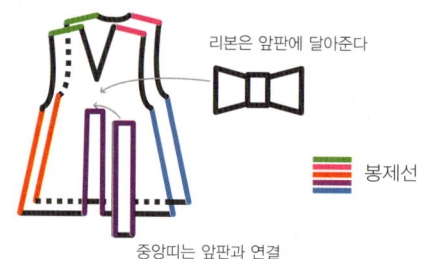

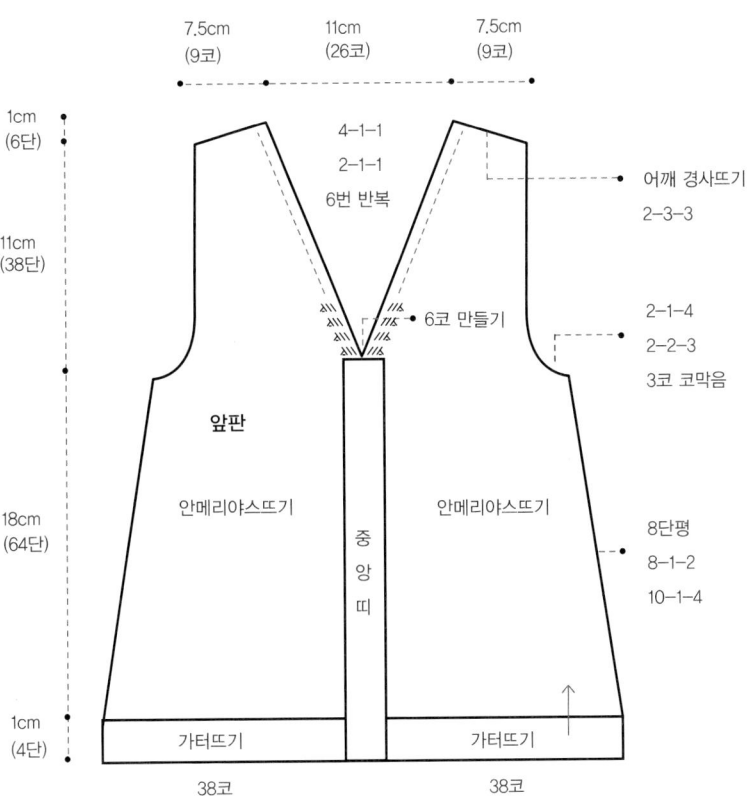

24
민소매티
Débardeur

산뜻한 민소매티로 마린룩을 연출해봐요.
남자아이는 마린보이, 여자아이는 꽃 장식을 달아주어 마린걸!
아이보리색과 회색을 번갈아가며 뜨면 깔끔한 가로줄무늬가 되죠.
민소매티라 따뜻한 날씨에도 입힐 수 있고 추운 날씨에는
다른 옷과 겹쳐 입혀서 센스 있는 스타일을 만들어보세요.

12개월

앞판

뒤판

31cm

29cm

Débardeur

How to make

민소매티

사이즈 12개월

준비물
실 : 필다르사의 탈레사(THALASSA : 코튼 75%, 리오셀
      25%) 아이보리(Écru) 2볼,
      그레이(Plomb) 1볼
대바늘 4mm 2세트, 바늘막음 1개, 돗바늘 1개
*게이지 20코 28단

만들기

메리야스 배색 무늬뜨기
아이보리 6단 → 그레이 2단
위의 8단을 계속해서 반복한다.

뒤판과 앞판
1. 시작코 58코를 잡아 줄무늬 메리야스뜨기를 한다.
2. 전체 높이가 20cm(56단)가 되면 처음 7코는 코막음 하고 남은 코는 끝까지 뜬다. 51코가 남는다.
3. 다음 단에서 처음 7코는 코막음하고 남은 코는 끝까지 뜬다. 44코가 남는다.
4. 계속해서 줄무늬 메리야스뜨기를 한다.
5. 전체 높이가 26.5cm(74단)가 되면 처음 11코는 뜬 후 바늘막음으로 막아둔다. 새로운 바늘을 이용해서 다음 22코는 코막음하고 마지막 11코는 뜬다. 11코를 가지고 높이가 4.5cm(12단) 될 때까지 뜬다.
6. 다음 단에서 11코는 코막음한다.
7. 쉼코로 두었던 11코를 높이가 4.5cm(12단) 될 때까지 뜬다.
8. 다음 단에서 11코는 코막음한다.
9. 같은 방법으로 한 장 더 뜬다.

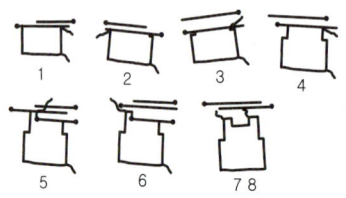

꽃
2줄을 뜬다. 꽃모양 2개를 겹쳐놓고 중앙에서 아이보리색 실로 고정한다.

실을 잡아당겨서 조인 후 원형으로 닫아주고 매듭을 짓는다

고리의 길이가
아이보리색 실은 6cm,
그레이색 실은 4cm

아이보리색 꽃   그레이색 꽃   땋은 끈

연결하기
1. 실을 정리한다.
2. 2장을 겉면끼리 맞대고 같은 색의 봉제선끼리 돗바늘로 꿰매어 연결한다.

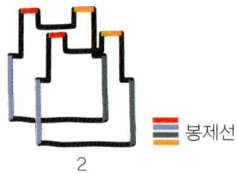

■ 봉제선

땋은 끈
1. 아이보리색 실 2올씩 3개(총 6올)로, 총 길이가 55cm 될 때까지 머리 땋는 방법으로 땋는다.
2. 그레이색 실 1올씩 3개(총 3올)로, 총 길이가 30cm 될 때까지 머리 땋는 방법으로 땋는다.

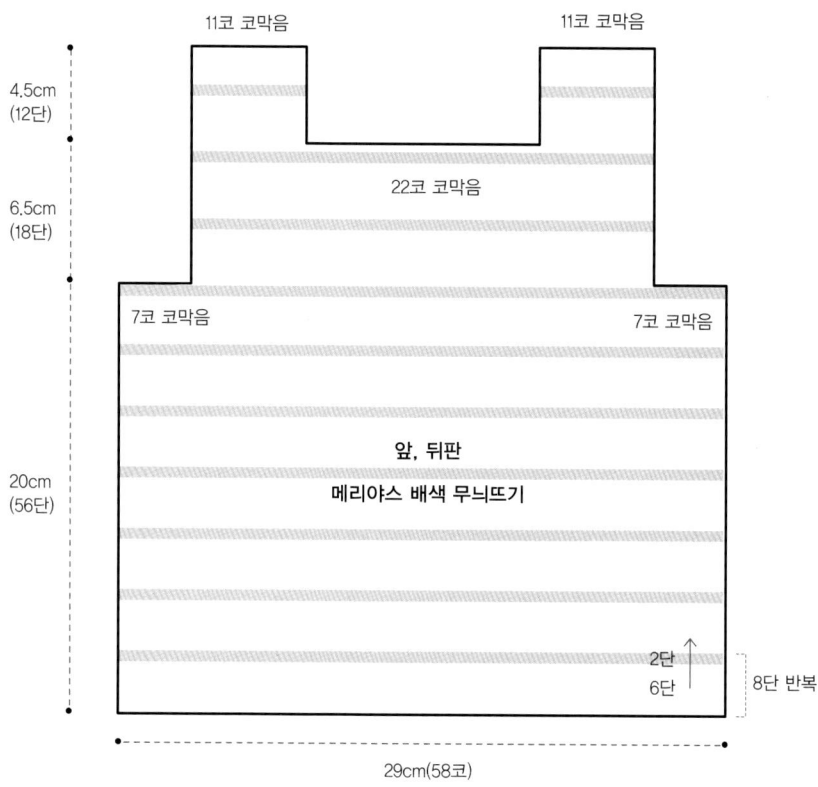

25
아기 보낭과 가랜드
Nid d'ange & Guirlande

가터뜨기로 완성한 아기 보낭과 폼폼 방울로 만든 가랜드.
아기 보낭은 예쁜 단추를 달아서 편리해요.
다채로운 폼폼 방울들을 연결한 가랜드는 아기가 참 좋아한답니다.
아기를 따뜻하게 감싸주는 세트로 새로 태어난 아기를 맞아주세요.

미리 보는 뜨개 조직
12개월

아기 보낭

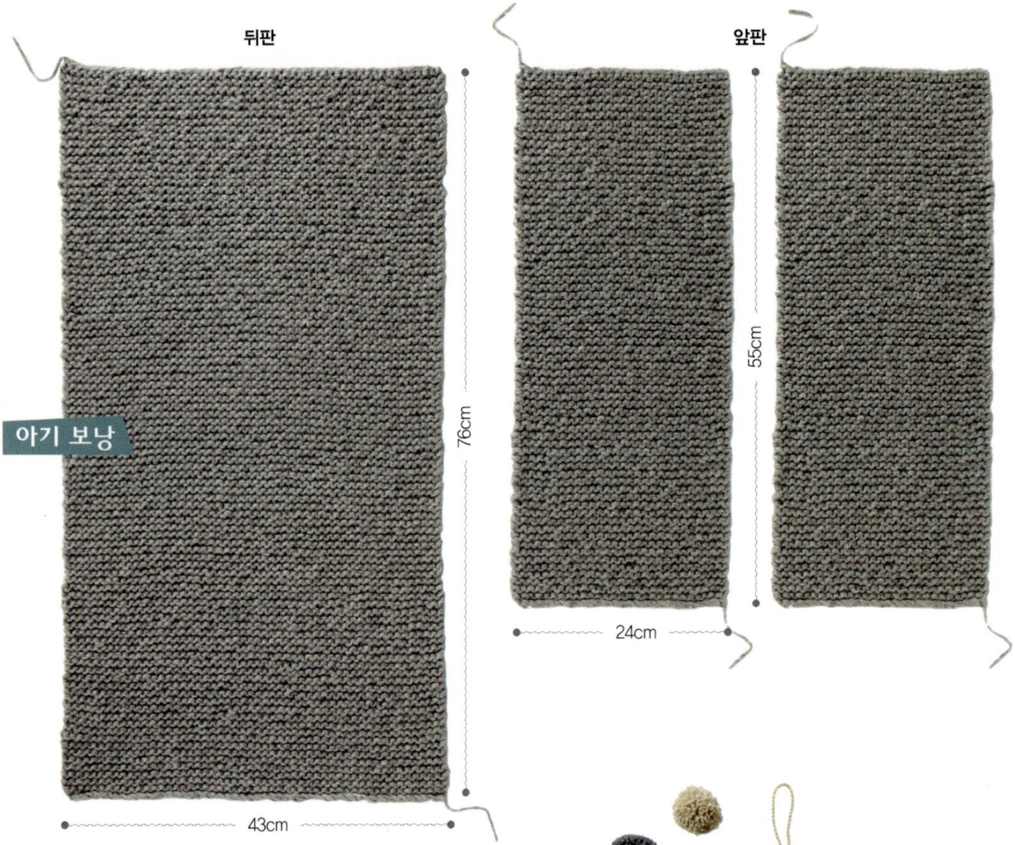

뒤판 — 76cm × 43cm

앞판 — 55cm × 24cm

가랜드
- 트위스트 코드
- 폼폼 방울

아기 보낭 땋은 끈

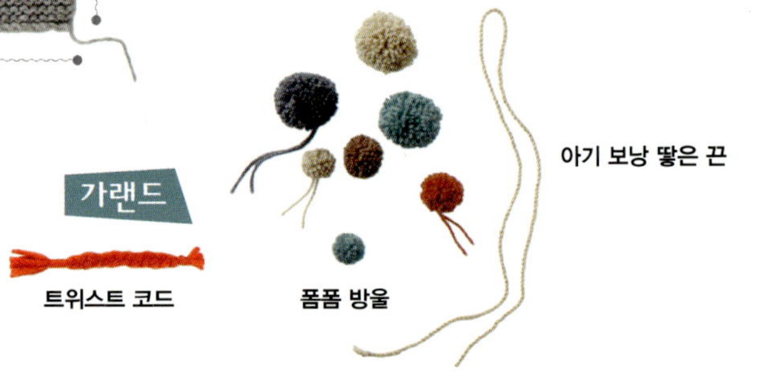

How to make

아기 보낭

사이즈 12개월

준비물

실 : 필다르사의 네브류스(NÉBULEUSE : 울 41%, 아크릴 41%, 폴리아미드 18%) 그레이(Orage) 10볼, 핑크(Blush) 1볼

대바늘 6mm, 돗바늘 1개, 단추 5개

*가터뜨기 게이지 12코 24단

만들기

뒤판

1. 그레이색 실을 사용해서 시작코 52코를 잡아 가터뜨기로 뜬다.
2. 76cm(182단) 뜬 후 모든 코를 코막음한다.

앞판

1. 그레이색 실을 사용해서 시작코 29코를 잡아 가터뜨기로 뜬다.
2. 55cm(132단) 뜬 후 모든 코를 코막음한다.
3. 같은 방법으로 한 장 더 뜬다.

연결하기

1. 실을 정리한 후 직사각형으로 된 앞판 2장을 뒤판 위에 올려놓고 같은 색의 봉제선끼리 꿰맨다. 점선을 따라 삼각 모양으로 접어준다.
2. 핑크색 실을 이용해서 실 2올씩 3개로 땋은 끈을 13cm가 되게 만들고, 아기 보낭 윗부분에 꿰맨다.
3. 앞판에 코를 벌려 단춧구멍을 만들고 반대편에 단추를 꿰맨다.

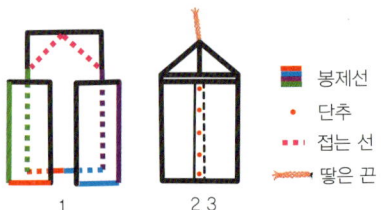

가랜드

사이즈 12개월

준비물

실 : 필다르사의 네브류스(NÉBULEUSE : 울 41%, 아크릴 41%, 폴리아미드 18%) 핑크(Blush) 1볼, 연갈색(Biche) 1볼, 적갈색(Tomette) 1볼, 라이트 민트(Celadon) 1볼

돗바늘 1개

만들기

1. 연갈색 실 2올을 사용해서 190cm짜리 트위스트 코드를 만든다.
2. 4가지 색상으로 지름이 4cm인 폼폼 방울 1개씩, 지름이 5cm인 폼폼 방울 1개씩, 지름이 8cm인 폼폼 방울 1개씩을 만든다. (총 12개)
3. 아래와 같은 색상 순서로 폼폼 방울을 트위스트 코드에 묶어준다.

트위스트 코드

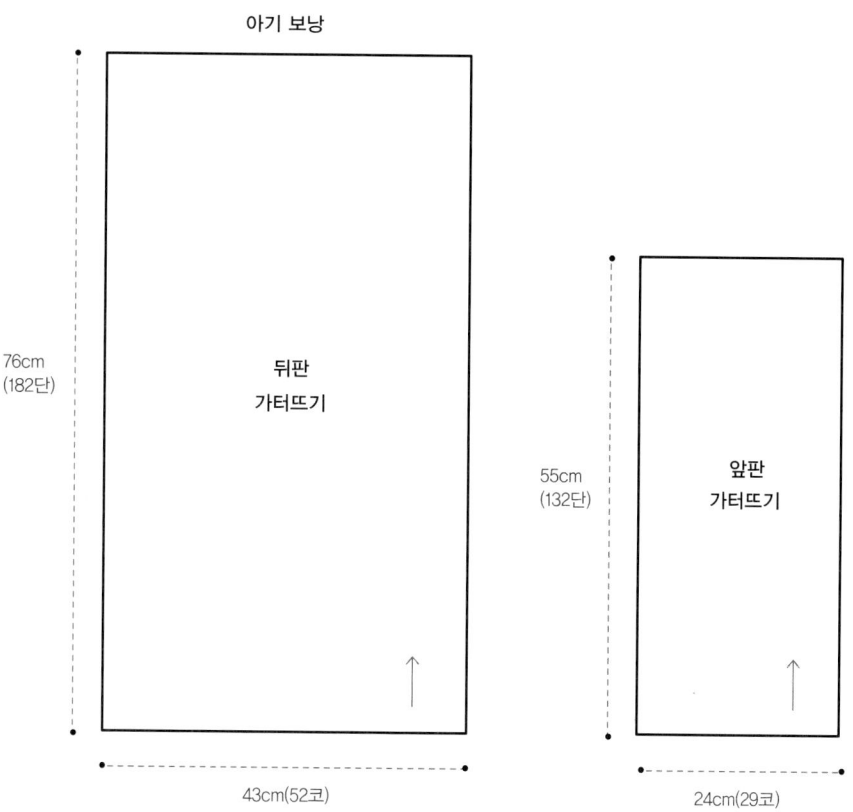

26
후드 카디건과 목도리
Paletot & Écharpe

두툼한 두께와 예쁜 디테일로
마음을 사로잡는 후드 카디건과
목도리를 만들어봐요.
아기에게 이보다 좋은
겨울 아이템이 있을까요?
추운 겨울에 따뜻하게 아이를 보호해주고
상큼하게 입을 수 있는 완벽한 세트!

미리 보는 뜨개 조직
2세 · 4세

⟨2세용 도식화⟩
⟨4세용 도식화⟩

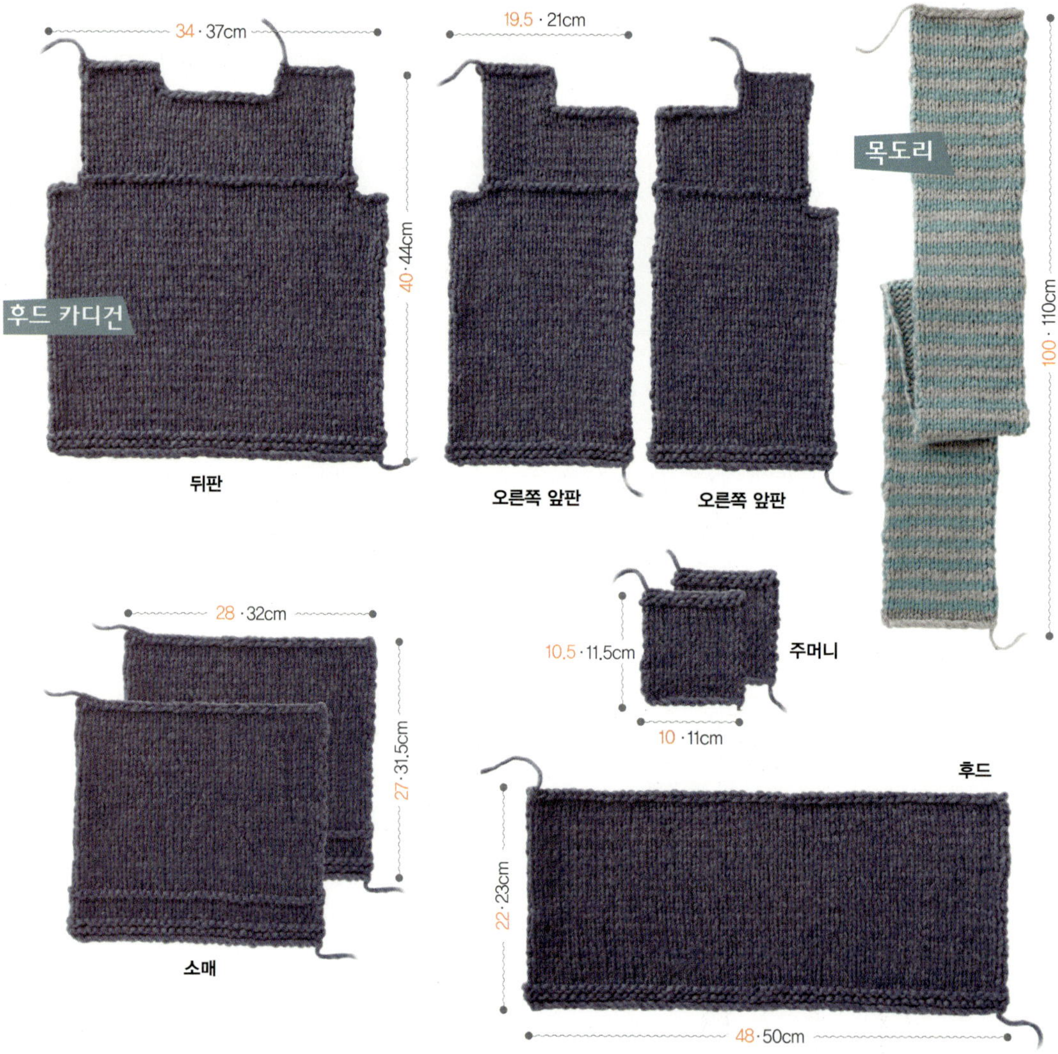

34 · 37cm
40 · 44cm
후드 카디건
뒤판

19.5 · 21cm
오른쪽 앞판   오른쪽 앞판

목도리
100 · 110cm

28 · 32cm
27 · 31.5cm
소매

10.5 · 11.5cm
10 · 11cm
주머니

후드
22 · 23cm
48 · 50cm

How to make

후드 카디건

사이즈 2세 · 4세

준비물
실 : 필다르사의 네브류스(NÉBULEUSE : 울 41%, 아크릴 41%, 폴리아미드 18%) 데님(Jean's) – 2세 7볼 / 4세 9볼
대바늘 7mm 2세트, 바늘막음 1개, 돗바늘 1개, 단추 5개
*메리야스 게이지 12코 17단
가터뜨기 게이지 12코 24단

만들기
〈2세용〉

뒤판(4세용 수식도안 참고)
1. 시작코 41코 잡아 가터뜨기로 4단 뜬다.
2. 메리야스뜨기로 이어 뜬다.
3. 전체 높이가 27cm(46단)가 되면 처음 4코를 코막음하고, 남은 코는 끝까지 뜬다.
4. 다음 단에서 처음 4코를 코막음하고 남은 코는 끝까지 뜬다. 33코가 남는다.
5. 전체 높이가 28cm(48단)가 되면 가터뜨기로 2단을 뜨고, 계속해서 메리야스뜨기로 이어 뜬다.
6. 전체 높이가 38cm(66단)가 되면 처음 10코를 뜬 후 바늘막음으로 막아둔다. 새로운 바늘을 이용해서 다음 13코를 코막음하고 남은 10코를 가지고 높이가 2cm(4단) 될 때까지 뜬다.
7. 다음 단에서 10코를 코막음한다.
8. 쉼코로 두었던 10코를 가지고 높이가 2cm(4단) 될 때까지 뜬다.
9. 다음 단에서 모든 코를 코막음한다.

오른쪽 앞판(4세용 수식도안 참고)
1. 시작코 24코를 잡아 가터뜨기로 4단 뜬다.
2. 계속해서 메리야스뜨기로 이어 뜬다.
3. 전체 높이가 27cm(46단)가 되면 한 단을 더 뜬다.
   (뜨개 조직의 안쪽 면이 본인 앞으로 오게 한다.)
4. 다음 단에서 처음 4코는 코막음하고 남은 코는 끝까지 뜬다. 20코가 된다.
5. 전체 높이가 28cm(48단)가 되면 가터뜨기로 2단을 뜨고, 계속해서 메리야스뜨기로 이어 뜬다.
6. 전체 높이가 36cm(62단)가 되면 처음 10코는 코막음하고, 남은 10코를 가지고 높이가 4cm(8단) 될 때까지 뜬다.
7. 다음 단에서 모든 코를 코막음한다.

왼쪽 앞판(4세용 수식도안 참고)
1. 시작코 24코를 잡아 가터뜨기로 4단 뜬다.
2. 계속해서 메리야스뜨기로 이어 뜬다.
3. 전체 높이가 27cm(46단)가 되면 처음 4코는 코막음하고 남은 코는 끝까지 뜬다. 20코가 된다.
4. 전체 높이가 28cm(48단)가 되면 가터뜨기로 2단을 뜨고, 계속해서 메리야스뜨기로 이어 뜬다.
5. 전체 높이가 36cm(62단)가 되면 한 단을 더 뜬다.
   (뜨개 조직의 안쪽 면이 본인 앞으로 오게 한다.)
6. 다음 단에서 처음 10코는 코막음하고 남은 10코를 가지고 높이가 4cm(8단) 될 때까지 뜬다.
7. 다음 단에서 모든 코를 코막음한다.

*소매, 후드, 주머니, 연결하기는 4세용 참고.

〈2세용〉

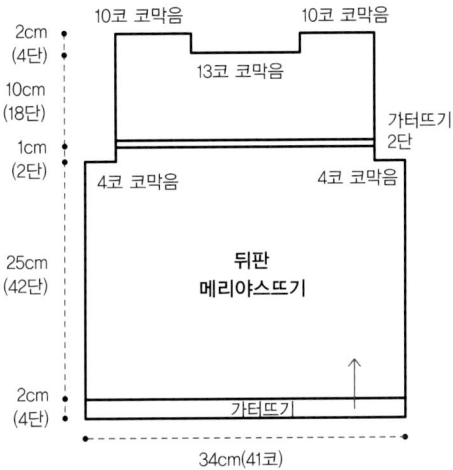

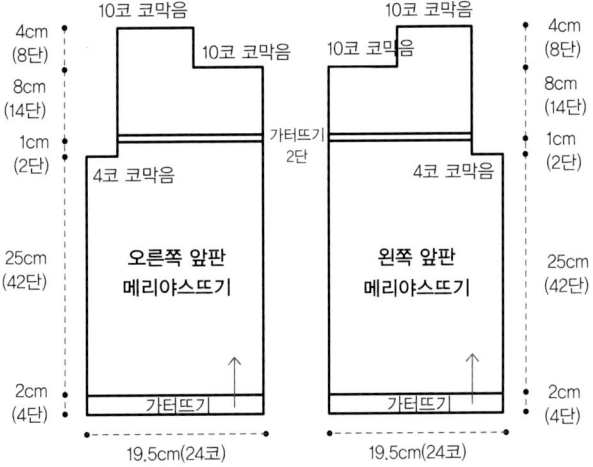

How to make

소매

1. 시작코 33코를 잡아 가터뜨기로 4단 뜬 후 메리야스 뜨기로 이어 뜬다.
2. 전체 높이가 5cm(10단)가 되면 가터뜨기로 2단을 뜨고, 계속해서 메리야스뜨기로 이어 뜬다.
3. 전체 높이가 27cm(48단)가 되면 모든 코를 코막음 한다.
4. 같은 방법으로 한 장 더 뜬다.

후드

1. 시작코 57코를 잡아 가터뜨기로 4단 뜬 후 메리야스 뜨기로 이어 뜬다.
2. 전체 높이가 22cm(38단)가 되면 모든 코를 코막음 한다.

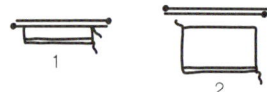

주머니

1. 시작코 12코를 잡아 메리야스뜨기로 9.5cm(16단) 뜬다.
2. 가터뜨기로 2단을 뜬다.
3. 다음 단에서 모든 코를 코막음한다.
4. 같은 방법으로 한 장 더 뜬다.

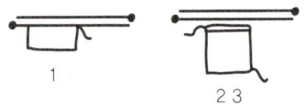

목도리

준비물

실 : 필다르사의 네브류스(NÉBULEUSE : 울 41%, 아크릴 41%, 폴리아미드 18%) 그레이(Orage) 1볼, 라이트 민트(Celadon) 1볼
대바늘 7mm, 돗바늘 1개
*메리야스 게이지 12코 17단

만들기

1. 그레이색 실로 시작코 15코를 잡아 메리야스 배색 무늬뜨기로 100cm(170단) 뜬다.
2. 다음 단에서 모든 코를 코막음하고 실을 정리한다.

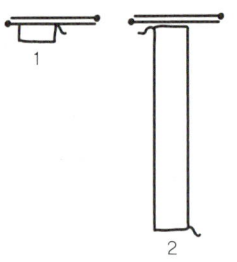

메리야스 배색 무늬뜨기

그레이색 2단 → 라이트 민트색 2단
실을 자르지 않고 위의 4단을 계속 반복한다.

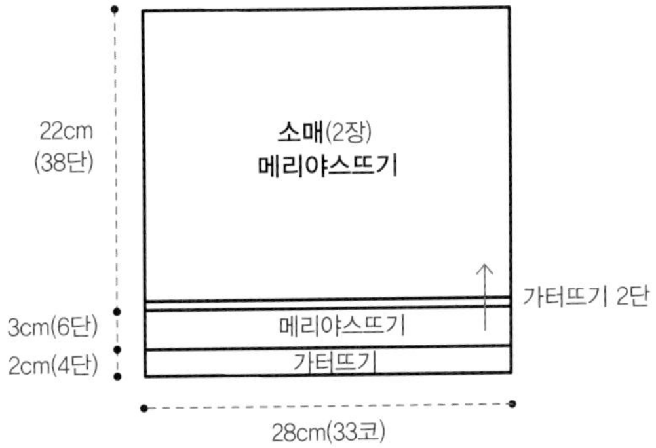

소매(2장)
메리야스뜨기

22cm (38단)
3cm(6단) 메리야스뜨기
2cm(4단) 가터뜨기
가터뜨기 2단
28cm(33코)

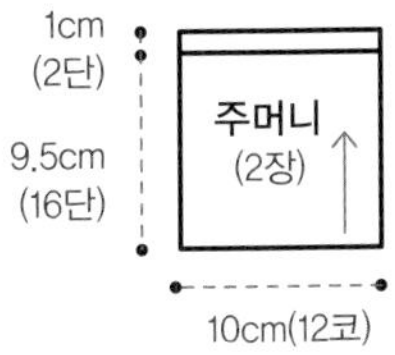

주머니 (2장)
1cm (2단)
9.5cm (16단)
10cm(12코)

후드
메리야스뜨기
20cm (34단)
2cm (4단) 가터뜨기
48cm(57코)

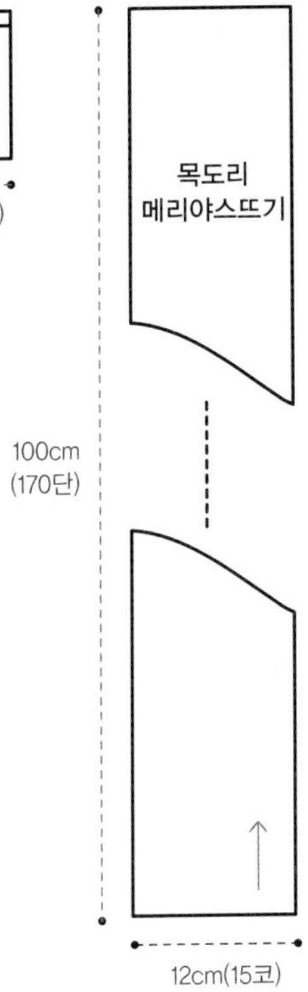

목도리
메리야스뜨기
100cm (170단)
12cm(15코)

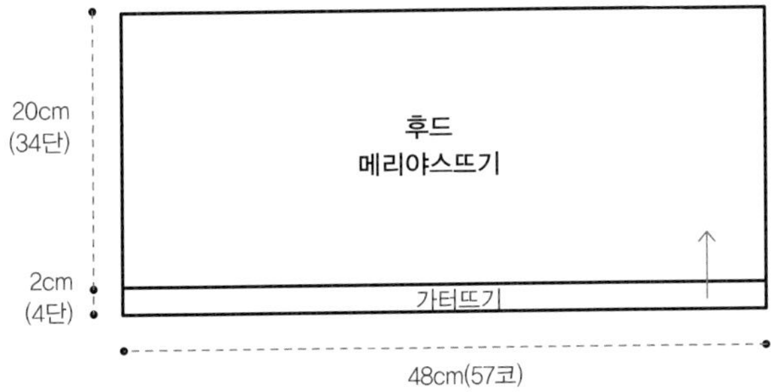

How to make

〈4세용〉

뒤판
1. 시작코 44코를 잡아 가터뜨기로 4단 뜬다.
2. 메리야스뜨기로 이어 뜬다.
3. 전체 높이가 29cm(50단)가 되면 처음 4코를 코막음하고, 남은 코는 끝까지 뜬다.
4. 다음 단에서 처음 4코를 코막음하고 남은 코는 끝까지 뜬다. 36코가 남는다.
5. 전체 높이가 30cm(52단)가 되면 가터뜨기로 2단을 뜨고, 계속해서 메리야스뜨기로 이어 뜬다.
6. 전체 높이가 42cm(72단)가 되면 처음 11코를 뜬 후 바늘막음으로 막아둔다. 새로운 바늘을 이용해서 다음 14코를 코막음하고, 남은 11코를 가지고 높이가 2cm(4단) 될 때까지 뜬다.
7. 다음 단에서 11코를 코막음한다.
8. 쉼코로 두었던 11코를 가지고 높이가 2cm(4단) 될 때까지 뜬다.
9. 다음 단에서 모든 코를 코막음한다.

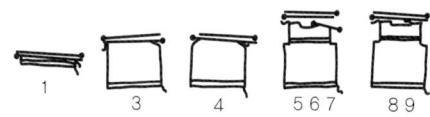

오른쪽 앞판
1. 시작코 25코를 잡아 가터뜨기로 4단 뜬다.
2. 계속해서 메리야스뜨기로 이어 뜬다.
3. 전체 높이가 29cm(50단)가 되면 한 단을 더 뜬다. (뜨개 조직의 안쪽 면이 본인 앞으로 오게 한다.)
4. 다음 단에서 처음 4코는 코막음하고 남은 코는 끝까지 뜬다. 21코가 된다.
5. 전체 높이가 30cm(52단)가 되면 가터뜨기로 2단을 뜨고 계속해서 메리야스뜨기로 이어 뜬다.
6. 전체 높이가 40cm(68단)가 되면 처음 10코는 코막음하고 남은 11코를 가지고 높이가 4cm(8단) 될 때까지 뜬다.
7. 다음 단에서 모든 코를 코막음한다.

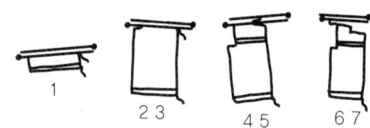

왼쪽 앞판
1. 시작코 25코를 잡아 가터뜨기로 4단 뜬다.
2. 계속해서 메리야스뜨기로 이어 뜬다.
3. 전체 높이가 29cm(50단)가 되면 처음 4코는 코막음하고 남은 코는 끝까지 뜬다. 21코가 된다.
4. 전체 높이가 30cm(52단)가 되면 가터뜨기로 2단을 뜨고, 계속해서 메리야스뜨기로 이어 뜬다.
5. 전체 높이가 40cm(68단)가 되면 한 단을 더 뜬다. (뜨개 조직의 안쪽 면이 본인 앞으로 오게 한다.)
6. 다음 단에서 처음 10코는 코막음하고 남은 11코를 가지고 높이가 4cm(8단) 될 때까지 뜬다.
7. 다음 단에서 모든 코를 코막음한다.

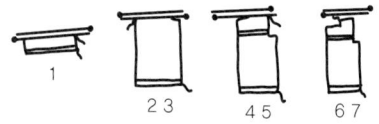

〈4세용〉

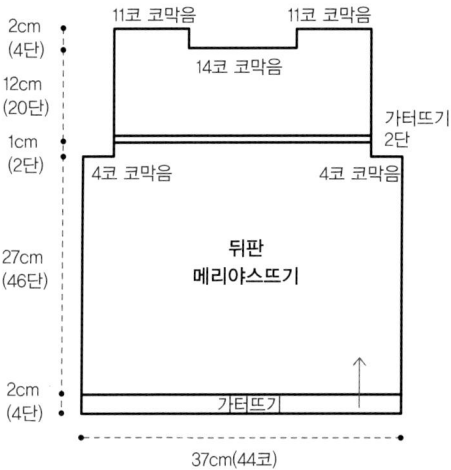

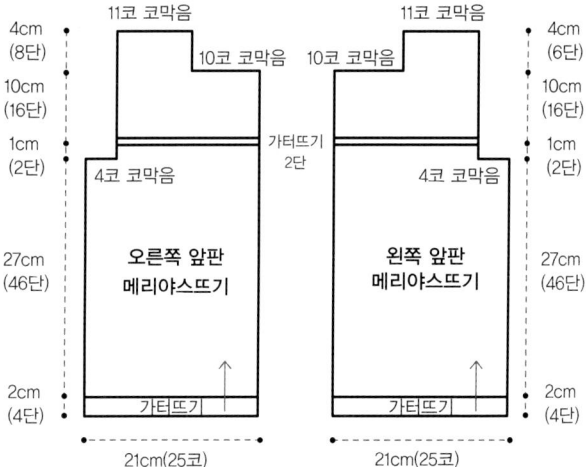

How to make

소매
1. 시작코 38코를 잡아 가터뜨기로 4단 뜬 후 메리야스뜨기로 이어 뜬다.
2. 전체 높이가 5cm(10단)가 되면 가터뜨기로 2단을 뜨고 계속해서 메리야스뜨기로 이어 뜬다.
3. 전체 높이가 31.5cm(56단)가 되면 모든 코를 코막음 한다.
4. 같은 방법으로 한 장 더 뜬다.

후드
1. 시작코 60코를 잡아 가터뜨기로 4단 뜬 후 메리야스뜨기로 이어 뜬다.
2. 전체 높이가 23cm(40단)가 되면 모든 코를 코막음 한다.

주머니
1. 시작코 13코를 잡아 메리야스뜨기로 10.5cm(18단) 뜬다.
2. 가터뜨기로 2단을 뜬다.
3. 다음 단에서 모든 코를 코막음한다.
4. 같은 방법으로 한 장 더 뜬다.

목도리
1. 그레이색 실로 시작코 16코를 잡아 줄무늬 메리야스뜨기로 110cm(186단) 뜬다.
2. 다음 단에서 모든 코를 코막음하고 실을 정리한다.

메리야스 배색 무늬뜨기
그레이색 2단 → 라이트 민트색 2단
실을 자르지 않고 위의 4단을 계속 반복한다.

연결하기(공통)
1. 실을 정리한다.
2. 뒤판과 앞판을 겉면끼리 맞대고 같은 색상의 봉제선 끼리 돗바늘로 꿰맨다.
3. 소매를 반으로 접어서 봉제선을 따라 돗바늘로 꿰맨다.
4. 소매를 몸판에 돗바늘로 꿰맨다.
5. 주머니를 돗바늘로 꿰맨다.
6. 오른쪽 앞판에 단추를 달아주고 반대편에 코를 벌려 단춧구멍을 만든다.
7. 후드를 점선을 따라 반으로 접고 봉제선을 따라 꿰맨 후 몸판의 목둘레에 꿰맨다.

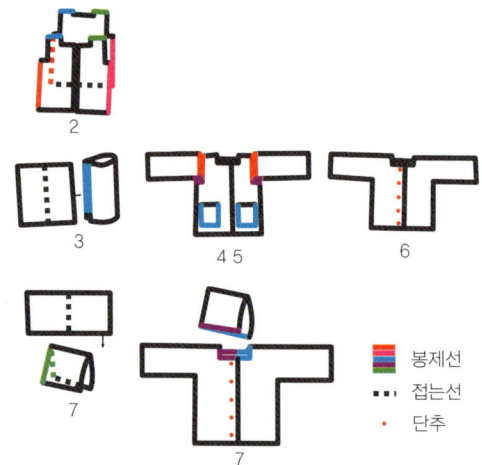

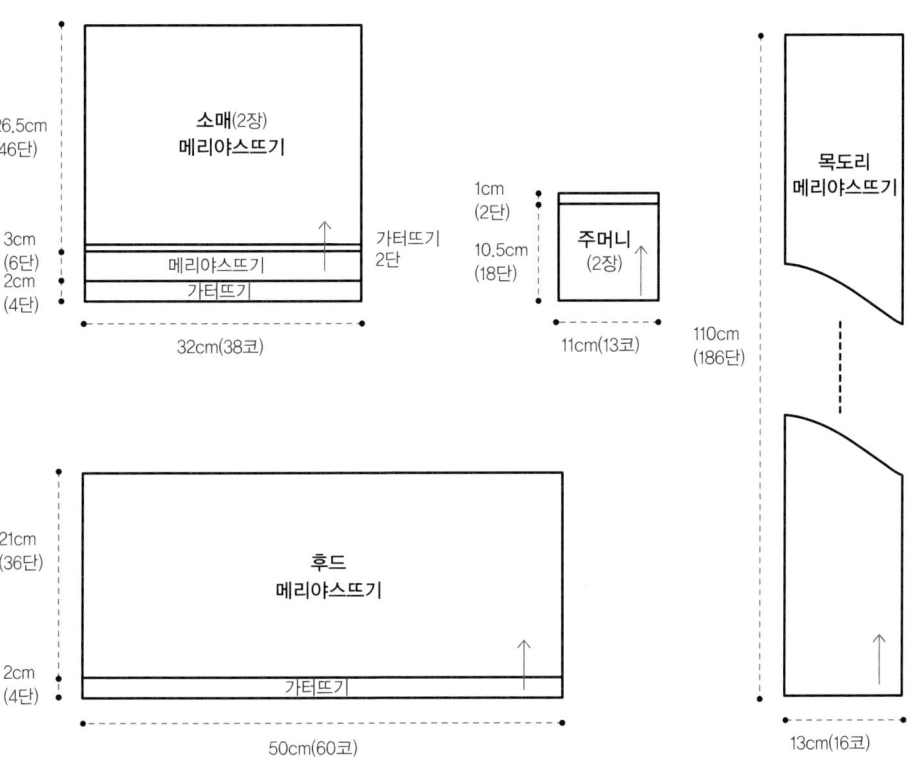

27
민소매티
Débardeur

가터뜨기로 손쉽게 만드는 민소매티. 코랄 핑크의 예쁜 색감과
앞에 달린 단추 2개가 귀여움을 더해줘요. 내추럴하고 화사한 멋이 빛나죠.
단순하지만 매력적인 작품으로 아기에게 온기를 전해주세요.

미리 보는 뜨개 조직
12~18개월

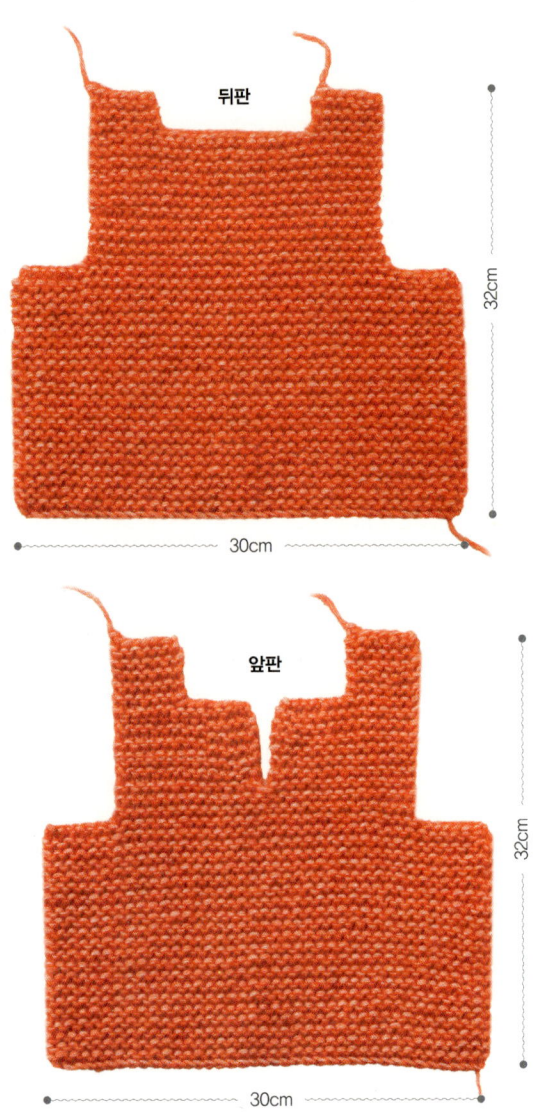

뒤판
32cm
30cm

앞판
32cm
30cm

How to make

민소매티

사이즈 12~18개월

준비물
실 : 필다르사의 프리마(FRIMAS : 울 50%, 코튼 50%)
　　코랄 핑크(Corail) 3볼
대바늘 5.5mm 2세트, 바늘막음 1개, 돗바늘 1개, 단추 2개

*가터뜨기 게이지 15코 29단

만들기

뒤판
1. 시작코 48코를 잡아 가터뜨기로 뜬다.
2. 높이가 18.5cm(54단)가 되면 처음 6코를 코막음하고 남은 코는 끝까지 뜬다.
3. 다음 단에서 처음 6코는 코막음하고 남은 36코는 끝까지 뜬다. 계속해서 가터뜨기로 뜬다.
4. 전체 높이가 30cm(86단)가 되면 처음 9코를 뜬 후 바늘막음으로 막아둔다. 새로운 바늘을 이용해서 다음 18코는 코막음하고 남은 9코를 가지고 높이가 2cm(6단) 될 때까지 뜬 후 코막음한다.
5. 쉼코로 두었던 9코를 가지고 높이가 2cm(6단) 될 때까지 뜬 후 코막음한다.

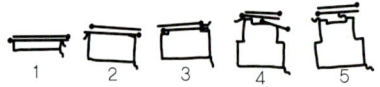

앞판
1. 시작코 48코를 잡아 가터뜨기로 뜬다.
2. 높이가 18.5cm(54단)가 되면 처음 6코를 코막음하고 남은 코는 끝까지 뜬다.
3. 다음 단에서 처음 6코는 코막음하고 남은 36코는 끝까지 뜬다. 계속해서 이어 뜬다.
4. 전체 높이가 22cm(64단)가 되면 처음 18코를 뜬 후 바늘막음으로 막아둔다. 새로운 바늘을 이용해서 남은 18코를 계속해서 이어 뜬다.
5. 전체 높이가 27cm(78단)가 되면 처음 9코는 코막음하고 남은 9코로 높이가 5cm(14단) 될 때까지 뜬 후 코막음한다.
6. 쉼코로 두었던 18코를 가지고 높이가 5cm(14단) 될 때까지 뜬다.
7. 한단을 더 뜬다.(뜨개 조직의 안쪽 면이 본인 앞으로 오게 한다.)
8. 다음 단에서 9코를 코막음한 후 남은 코는 끝까지 뜬다.
9. 남은 9코를 가지고 높이가 5cm(14단) 될 때까지 뜬 후 모든 코를 코막음한다.

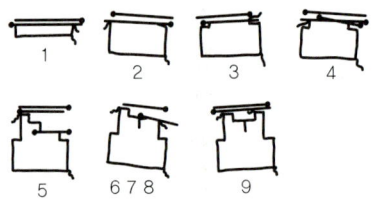

연결하기

1. 실을 정리한다.
2. 뒤판과 앞판을 겉면끼리 맞대고, 같은 색의 봉제선끼리 돗바늘로 꿰맨다.
3. 돗바늘을 이용해서 단춧고리를 2개 만들고 맞은편에 단추를 꿰맨다.

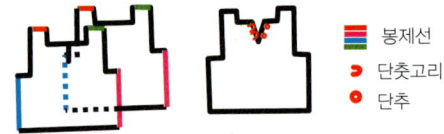

봉제선
단춧고리
단추

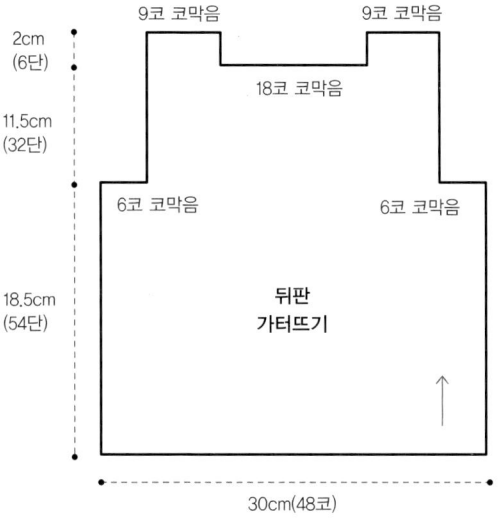

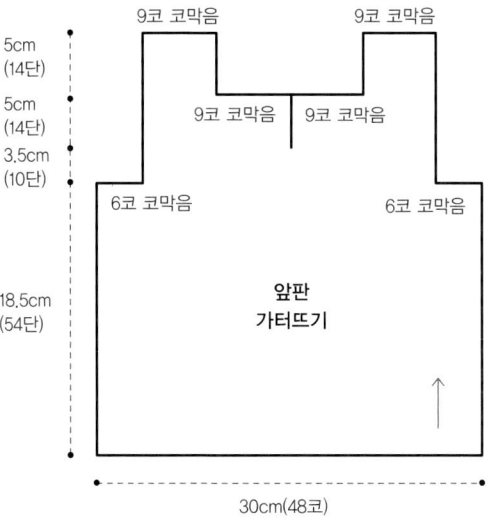

28
풀오버 또는 카디건
Pull ou Cardigan

겨울철 풀오버나 카디건은 많이 있을수록 좋은 아이템이죠.
여자아이라면 라운드 칼라에다 앙증맞은 방울로 장식한 풀오버를 만들어주세요.
활동성이 많은 남자아이라면 단추를 달아서 입고 벗기 편한 카디건을 만들고
주머니까지 달아주세요. 원하는 대로 디테일을 선택하는 재미!

미리 보는 뜨개 조직
12~18개월

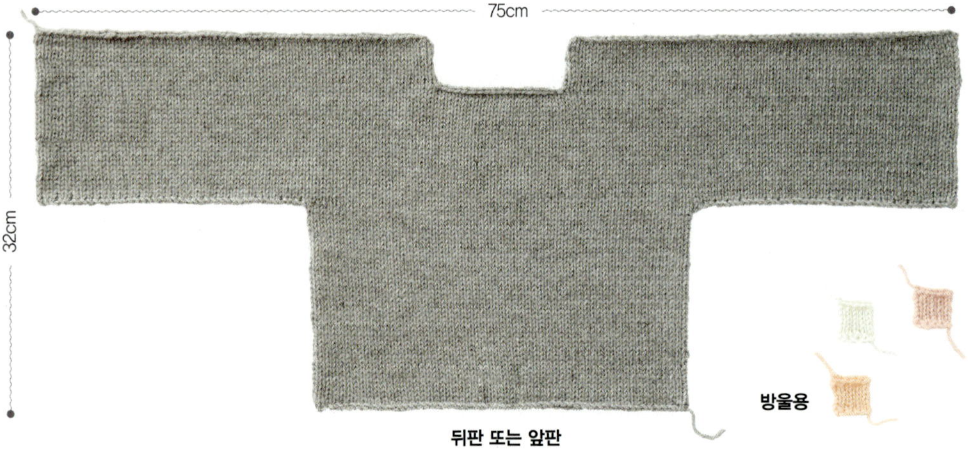

75cm
32cm
뒤판 또는 앞판

방울용

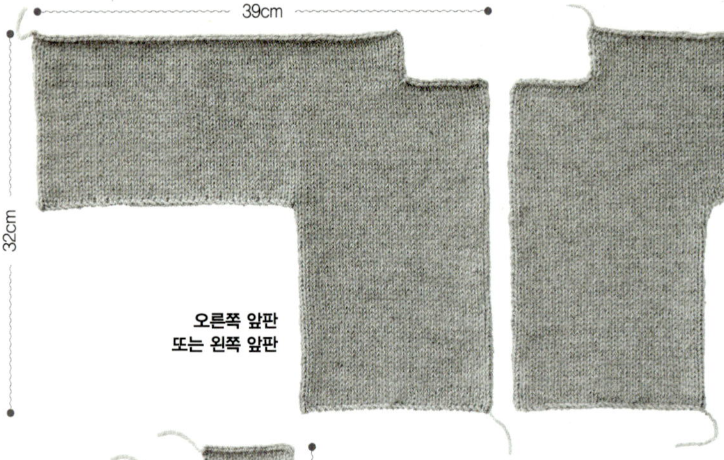

39cm
32cm
오른쪽 앞판
또는 왼쪽 앞판

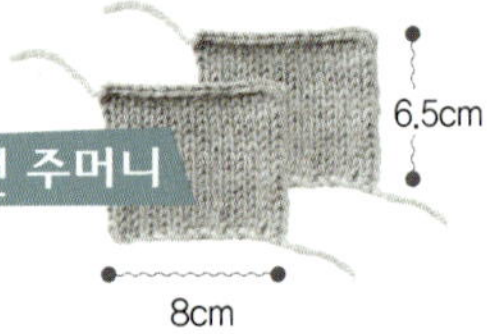

카디건 주머니
8cm
6.5cm

풀오버 칼라
4.5cm
19.5cm

Pull ou Cardigan

How to make

풀오버 또는 카디건

사이즈 12~18개월

준비물
실 : 필다르사의 파트너 3.5(PARTNER 3.5 : 나일론 50%, 울 25%, 아크릴 25%) 라이트 그레이(Acier) 4볼
대바늘 3.5mm 2세트, 바늘막음 1개, 돗바늘 1개
카디건은 단추 4개
풀오버는 스냅단추 5개
*메리야스 게이지 23코 30단
 가터뜨기 게이지 23코 40단

방울
실 : 필다르사의 파트너 3.5(PARTNER 3.5 : 나일론 50%, 울 25%, 아크릴 25%) 아이보리(Écru) 1볼, 라이트 핑크(Rose) 1볼, 미스티로즈(Poudre) 1볼

만들기

풀오버의 앞판 또는 카디건의 뒤판
1. 라이트 그레이색 실로 시작코 68코를 잡아 메리야스뜨기로 18.5cm(56단) 뜬다.
2. 다음 단을 시작하기 전에 감아코 만들기로 52코를 만들고 감아 만든 52코를 뜬다. 68코를 뜨고 다시 감아코 만들기로 52코를 만든다. 총 172코가 된다.
3. 계속해서 메리야스뜨기를 한다.
4. 전체 높이가 28cm(84단)가 되면 처음 74코를 뜬 후 바늘막음으로 막아둔다. 새로운 바늘을 이용해서 다음 24코는 코막음하고 남은 74코를 가지고 높이가 4cm(12단) 될 때까지 뜬다.
5. 다음 단에서 74코를 코막음한다.
6. 쉼코로 두었던 74코로 높이가 4cm(12단) 될 때까지 뜬다.
7. 다음 단에서 모든 코를 코막음한다.

풀오버의 왼쪽 뒤판 또는 카디건의 오른쪽 앞판
1. 라이트 그레이색 실로 시작코 38코를 잡아 메리야스뜨기로 18.5cm(56단) 뜬다.
2. 다음 단에서 38코를 뜨고 감아코 만들기로 52코를 만든다. 총 90코가 된다.
3. 계속해서 메리야스뜨기를 한다.
4. 전체 높이가 28cm(84단)가 되면 처음 16코는 코막음하고 남은 74코를 가지고 높이가 4cm(12단) 될 때까지 뜬다.
5. 다음 단에서 모든 코를 코막음한다.

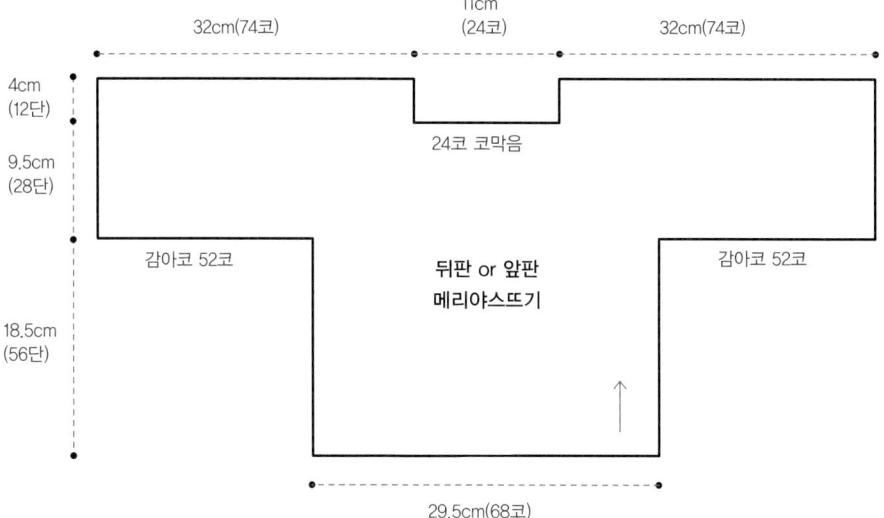

How to make

풀오버의 오른쪽 뒤판 또는 카디건의 왼쪽 앞판
1. 라이트 그레이색 실로 시작코 38코를 잡아 메리야스 뜨기로 18.5cm(56단) 뜬다.
2. 다음 단을 시작하기 전에 감아코 만들기로 52코를 만든다. 총 90코가 된다.
3. 계속해서 메리야스뜨기를 한다.
4. 전체 높이가 28cm가 되면 한 단을 더 뜬다.(뜨개 조직의 안쪽 면이 본인 앞으로 오게 한다.)
5. 다음 단에서 처음 16코는 코막음하고 남은 74코를 가지고 높이가 4cm(12단) 될 때까지 뜬다.
6. 다음 단에서 모든 코를 코막음한다.

풀오버의 칼라
1. 라이트 그레이색 실로 시작코 11코를 잡아 가터뜨기로 19.5cm(78단) 뜬다.
2. 다음 단에서 모든 코를 코막음한다. 같은 방법으로 한 장 더 뜬다.

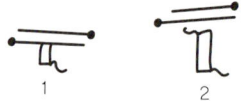

카디건의 주머니
1. 라이트 그레이색 실로 시작코 18코를 잡아 메리야스 뜨기로 6.5(20단)cm 뜬다.
2. 다음 단에서 모든 코를 코막음한다. 같은 방법으로 한 장 더 뜬다.

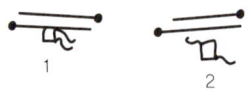

연결하기
1. 실을 정리한다.
2. 앞판과 뒤판을 겉면끼리 맞대고 같은 색상의 봉제선끼리 돗바늘로 꿰맨다.
3. 코 사이를 벌려 단춧구멍을 만들고 단추를 단다.
4. 카디건 : 주머니를 앞판에 꿰맨다.
5. 풀오버 : 2장의 칼라를 앞중심의 양쪽으로 배치하여 꿰맨다.
6. 방울은 테두리에 주름을 잡아 꿰매준다. 스냅단추는 뒤판에 꿰맨다.

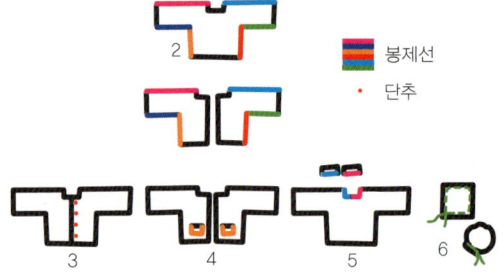

풀오버의 방울
1. 아이보리색 실로 시작코 5코를 잡아 메리야스뜨기로 6단 뜬 후 코막음한다.
2. 라이트 핑크색 실을 사용해서 같은 방법으로 한 장 뜬다.
3. 미스티 로즈색 실을 사용해서 같은 방법으로 한 장 뜬다.

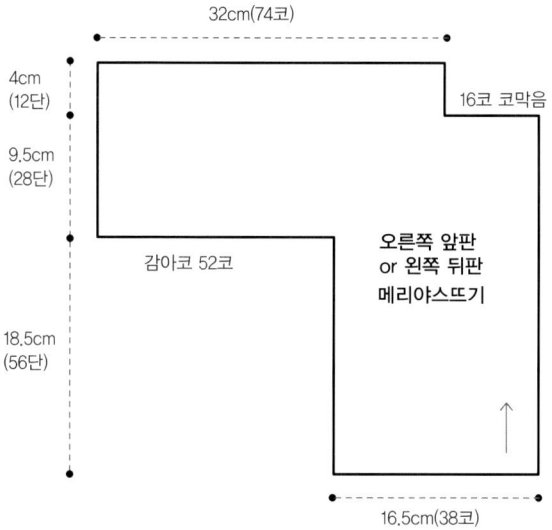
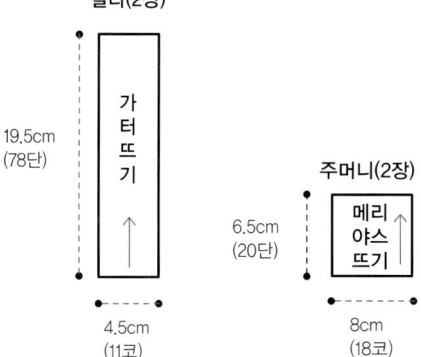

29
튀니지 스타일 풀오버
Pull Tunisien

색이 섞인 실을 사용해서 더욱 멋스러운 풀오버.
홈이 파인 듯한 네크라인을 만들고 가터뜨기로 마무리해서 튀니지 스타일을 잘 표현했어요.
꾸미지 않은 듯하지만 모든 것을 갖춘 풀오버를 입으면 아이도 행복해해요!

미리 보는 뜨개 조직

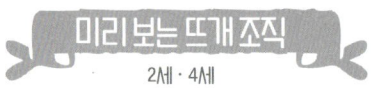

2세 · 4세

〈2세용 도식화〉
〈4세용 도식화〉

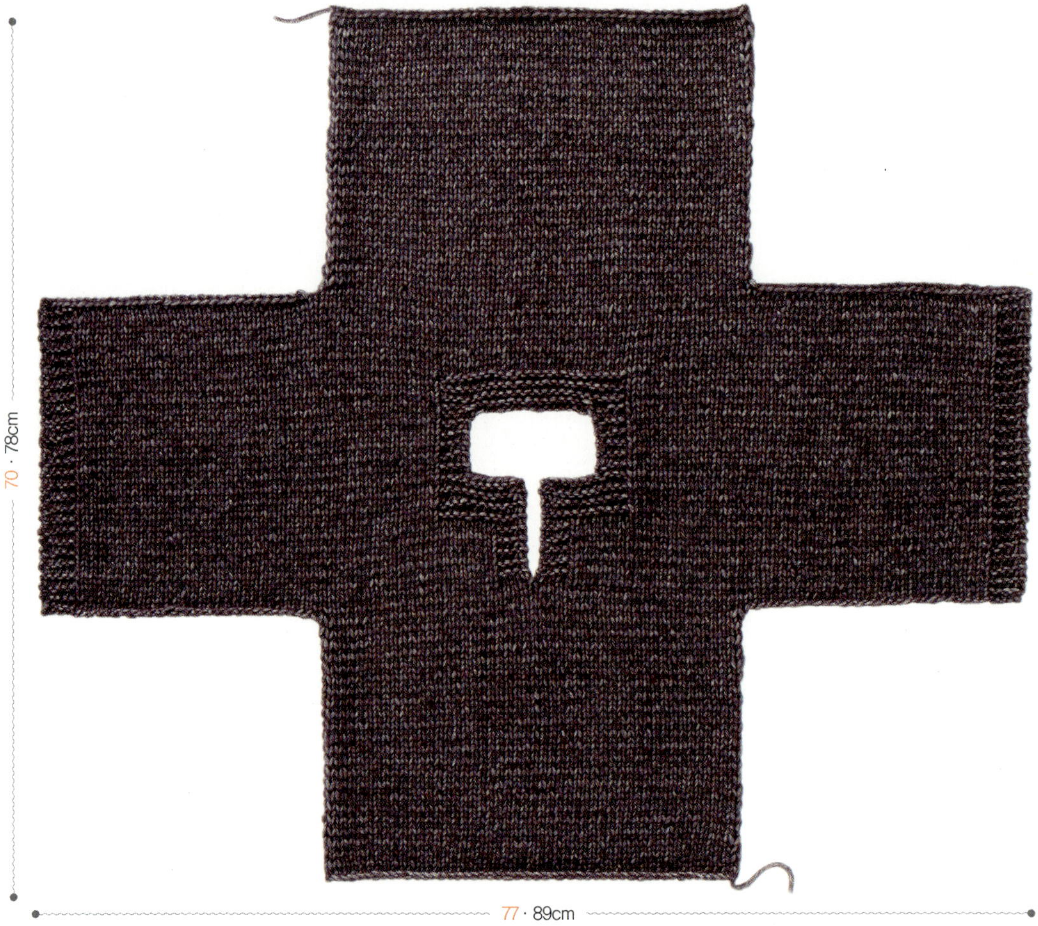

70 · 78cm
77 · 89cm

How to make

풀오버

사이즈 2세 · 4세

준비물
실 : 필다르사의 프리마(FRIMAS : 울 50%, 코튼 50%)
퍼플(Violine) – 2세 4볼 / 4세 5볼
대바늘 6mm 2세트, 바늘막음 1개, 돗바늘 1개
*게이지 15코 21단

만들기
〈2세용〉

1. 시작코 50코를 잡아 메리야스뜨기로 22cm(46단) 뜬다.
2. 다음 단을 시작하기 전에 감아코 만들기로 33코를 만들고, 감아 만든 33코를 뜬 후, 50코를 뜨고, 다시 감아코 만들기로 33코를 만든다. 총 116코가 된다.
3. 다음 단에서 다음과 같은 방법으로 뜬다.
   : 가터뜨기 5코 → 메리야스뜨기 106코 → 가터뜨기 5코
4. 전체 높이가 23cm(48단)가 되면 가터뜨기 5코 뜨고, 메리야스뜨기 49코 뜨고, 가터뜨기 4코 뜬 후, 왼쪽 바늘에 걸린 58코는 쉼코로 둔다.(바늘막음으로 막아둔다.) 새로운 바늘을 이용해서 오른쪽 바늘에 걸린 58코만 가지고 계속해서 이어 뜬다.
5. 전체 높이가 28.5cm(60단)가 되면 가터뜨기 5코 뜨고, 메리야스뜨기 42코 뜬 후, 가터뜨기 11코 뜬다.
6. 전체 높이가 31cm(66단)가 되면 한 단을 더 뜬다. (뜨개 조직의 안쪽 면이 본인 앞으로 오게 한다.)
7. 다음 단에서 처음 7코를 코막음하고 남은 코는 끝까지 뜬다.
8. 전체 높이가 37cm(78단)가 되면 남은 51코를 쉼코로 걸어둔다.(바늘막음으로 막아둔다.)
9. 왼쪽 바늘에 쉼코로 두었던 58코를 가지고 다음과 같이 뜬다.
   : 가터뜨기 4코 → 메리야스뜨기 49코 → 가터뜨기 5코
10. 전체 높이가 28.5cm(60단)면 가터뜨기 11코 뜨고, 메리야스뜨기 42코 뜬 후, 가터뜨기 5코 뜬다.
11. 전체 높이가 31cm(66단)가 되면 처음 7코를 코막음하고 남은 코는 끝까지 뜬다.
12. 전체 높이가 37cm(78단)가 되면 오른쪽에 쉼코로 두었던 51코를 뜨고, 가운데에 감아코 만들기로 14코를 만든 후 왼쪽 바늘의 51코를 이어 뜬다. 총 116코가 된다.
    다음과 같은 방법으로 뜬다.
    : 가터뜨기 5코 → 메리야스뜨기 42코 → 가터뜨기 22코 → 메리야스뜨기 42코 → 가터뜨기 5코로 6단을 뜬 후 가터뜨기 5코 → 메리야스뜨기 106코 → 가터뜨기 5코를 뜬다.
13. 전체 높이가 48cm(102단)가 되면 33코를 코막음하고 남은 코는 끝까지 뜬다.
    다음 단에서 33코를 코막음한 후 남은 50코를 가지고 메리야스뜨기로 뒤판을 이어 뜬다.
14. 전체 높이가 70코가 되면 모든 코를 코막음한다.

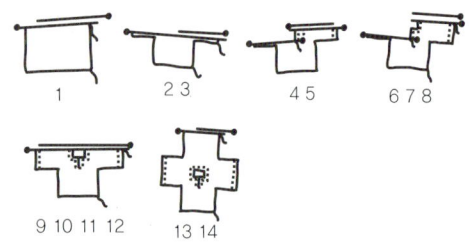

*연결하기는 4세용 참고.

〈2세용〉

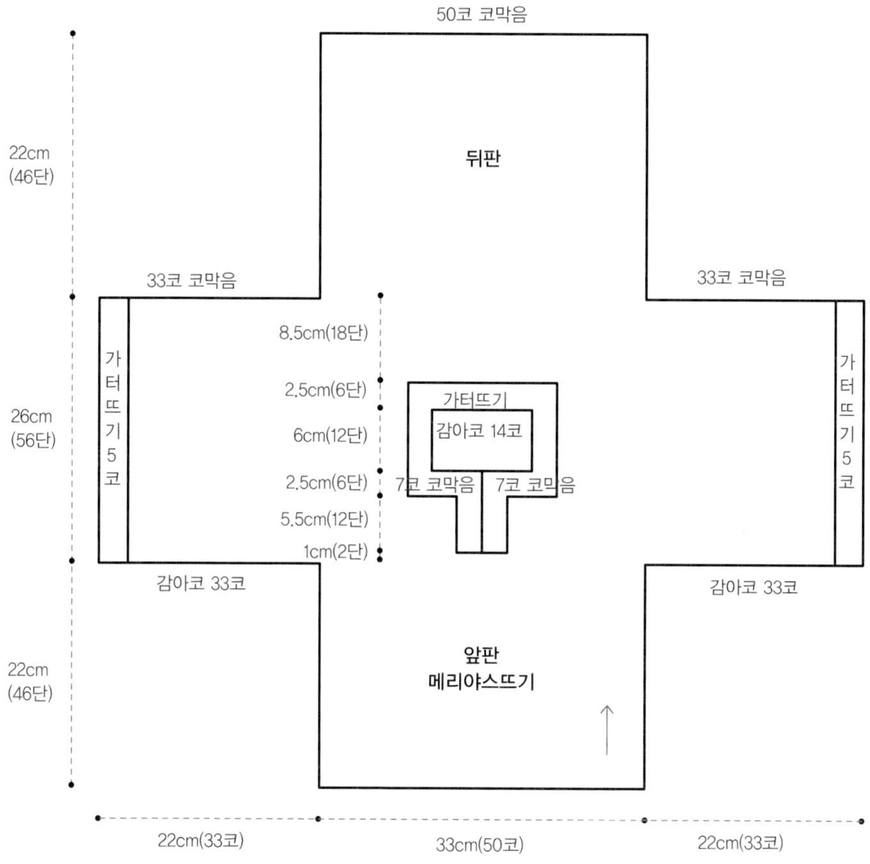

50코 코막음

뒤판

22cm
(46단)

33코 코막음　　　　　　　　　　　　　　　33코 코막음

가터뜨기 5코

8.5cm(18단)

가터뜨기
감아코 14코

2.5cm(6단)

26cm
(56단)

6cm(12단)

가터뜨기 5코

2.5cm(6단)　7코 코막음　7코 코막음

5.5cm(12단)

1cm(2단)

감아코 33코　　　　　　　　　　　　　　　감아코 33코

앞판
메리야스뜨기

22cm
(46단)

22cm(33코)　　　33cm(50코)　　　22cm(33코)

How to make

〈4세용〉
(2세용 수식도안 참고)

1. 시작코 54코를 잡아 메리야스뜨기로 24cm(50단) 뜬다.
2. 다음 단을 시작하기 전에 감아코 만들기로 39코를 만들고, 감아 만든 39코를 뜬 후, 54코를 뜨고, 다시 감아코 만들기로 39코를 만든다. 총 132코가 된다.
3. 다음 단에서 다음과 같은 방법으로 뜬다.
   : 가터뜨기 5코 → 메리야스뜨기 122코 → 가터뜨기 5코
4. 전체 높이가 25cm(52단)가 되면 가터뜨기 5코 뜨고, 메리야스뜨기 57코 뜨고, 가터뜨기 4코 뜬 후, 왼쪽 바늘에 걸린 66코는 쉼코로 둔다.(바늘막음으로 막아둔다.) 새로운 바늘을 이용해서 오른쪽 바늘에 걸린 66코만 가지고 계속해서 이어 뜬다.
5. 전체 높이가 32.5cm(68단)가 되면 가터뜨기 5코 뜨고, 메리야스뜨기 49코 뜬 후, 가터뜨기 12코 뜬다.
6. 전체 높이가 35cm(74단)가 되면 한 단을 더 뜬다. (뜨개 조직의 안쪽 면이 본인 앞으로 오게 한다.)
7. 다음 단에서 처음 8코를 코막음하고 남은 코는 끝까지 뜬다.
8. 전체 높이가 41cm(86단)가 되면 남은 58코를 쉼코로 걸어둔다.(바늘막음으로 막아둔다.)
9. 왼쪽 바늘에 쉼코로 두었던 66코를 가지고 다음과 같이 뜬다.
   : 가터뜨기 4코 → 메리야스뜨기 57코 → 가터뜨기 5코
10. 전체 높이가 32.5cm(68단)면 가터뜨기 12코 뜨고, 메리야스뜨기 49코 뜬 후, 가터뜨기 5코 뜬다.
11. 전체 높이가 35cm(74단)가 되면 처음 8코를 코막음하고 남은 코는 끝까지 뜬다.
12. 전체 높이가 41cm(86단)가 되면 오른쪽에 쉼코로 두었던 58코를 뜨고, 가운데에 감아코 만들기로 16코를 만든 후, 왼쪽 바늘의 58코를 이어 뜬다. 총 132코가 된다.
    이 코들을 다음과 같이 뜬다.
    : 가터뜨기 5코 → 메리야스뜨기 49코 → 가터뜨기 24코 → 메리야스뜨기 49코 → 가터뜨기 5코로 6단을 뜬 후 가터뜨기 5코 → 메리야스뜨기 122코 → 가터뜨기 5코를 뜬다.
13. 전체 높이가 54cm(114단)가 되면 39코를 코막음하고 남은 코는 끝까지 뜬다.
    다음 단에서 39코를 코막음한 후 남은 54코를 가지고 메리야스뜨기로 뒤판을 이어 뜬다.
14. 전체 높이가 78코가 되면 모든 코를 코막음한다.

연결하기(공통)

1. 안메리야스 조직에서 실을 정리한다.
2. 앞판과 뒤판을 겉면끼리 맞대고 같은 색의 봉제선끼리 돗바늘로 꿰맨다.

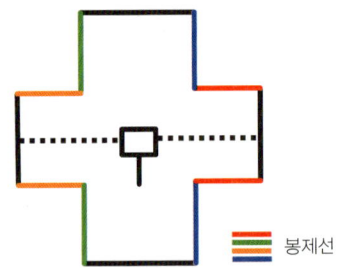
봉제선

〈4세용〉

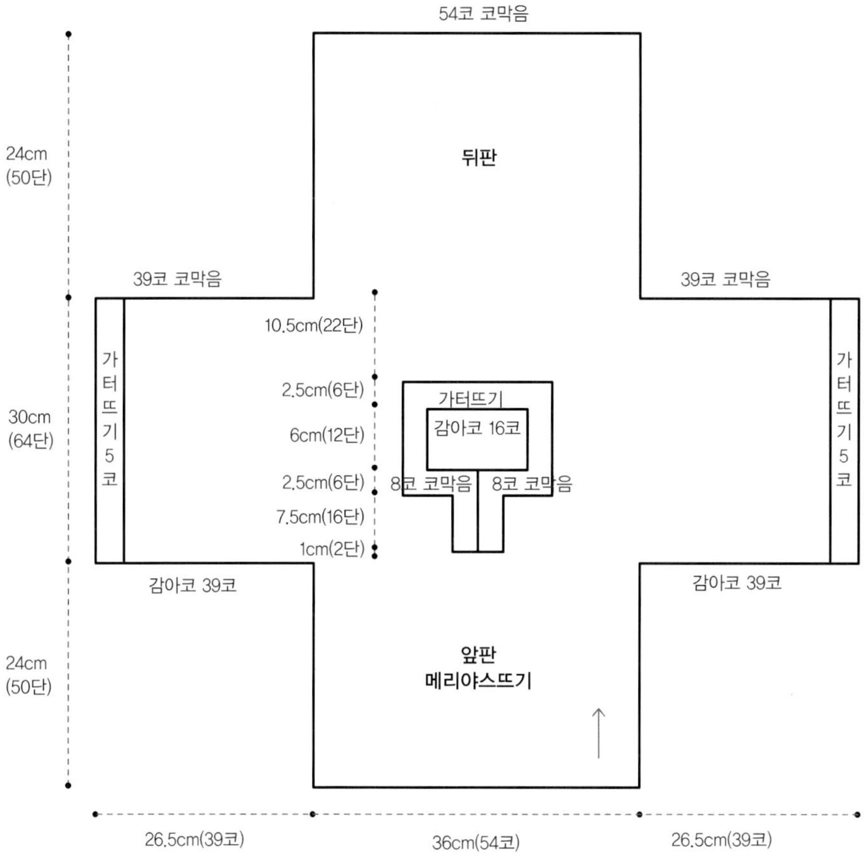

54코 코막음

뒤판

24cm
(50단)

39코 코막음　　　　　　　　　　　39코 코막음

10.5cm(22단)

가터뜨기 5코　　　　　　　　　　　　　　　　　　　　　　　　　　가터뜨기 5코

2.5cm(6단)

가터뜨기
감아코 16코

30cm
(64단)

6cm(12단)

2.5cm(6단)　　8코 코막음　8코 코막음

7.5cm(16단)

1cm(2단)

감아코 39코　　　　　　　　　　　감아코 39코

앞판
메리야스뜨기

24cm
(50단)

26.5cm(39코)　　　36cm(54코)　　　26.5cm(39코)

30
조끼와 반바지
Gilet & Short

수건처럼 포슬포슬 따뜻한 실로 조끼를 떠보세요.
여기에다 멜빵 반바지를 매치해볼까요? 섬세한 색상의 조합으로
아기 패셔니스타 탄생! 조끼에 달린 레트로 스타일의 단추로
1950년대 분위기를 내봐요!

미리 보는 뜨개 조직
12~18개월

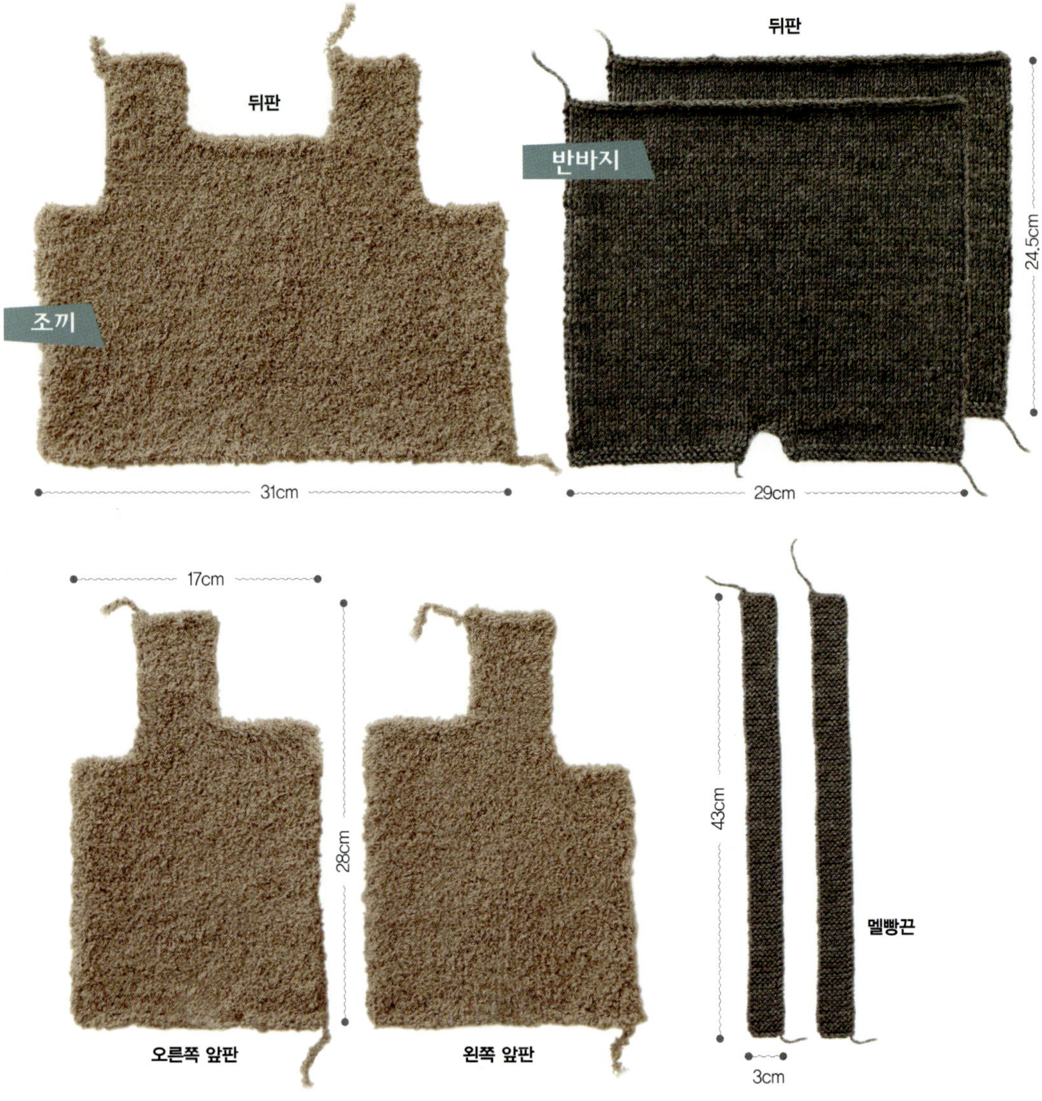

뒤판

조끼

31cm

뒤판

반바지

24.5cm

29cm

17cm

28cm

오른쪽 앞판

왼쪽 앞판

43cm

멜빵끈

3cm

Gilet & Short

How to make

조끼

사이즈 12~18개월

준비물
실 : 필다르사의 필듀스(PHIL DOUCE : 폴리에스테르 100%) 브라운 그레이(Taupe) 2볼
대바늘 4.5mm 2세트
바늘막음 1개, 돗바늘 1개, 단추 3개
*게이지 15코 24단

만들기

뒤판
1. 시작코 47코를 잡아 메리야스뜨기를 한다.
2. 높이 17.5cm(42단)가 되면 처음 6코를 코막음하고 남은 코는 끝까지 뜬다.
3. 다음 단에서 처음 6코를 코막음하고 남은 코는 끝까지 뜬다. 35코가 남는다.
4. 높이 24cm(58단)가 되면 처음 9코는 뜬 후 바늘막음으로 막아둔다. 새로운 바늘을 이용해서 다음 17코를 코막음하고 남은 코는 끝까지 뜬다.
5. 왼쪽에 있는 9코를 가지고 높이가 4cm(10단) 될 때까지 뜬 후 코막음한다.
6. 쉼코로 두었던 9코를 가지고 높이가 4cm(10단) 될 때까지 뜬 후 코막음한다.

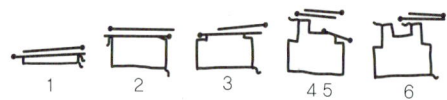

오른쪽 앞판
1. 시작코 26코를 잡아 메리야스뜨기를 한다.
2. 높이가 17.5cm(42단)가 되면 한 단을 더 뜬다.(뜨개 조직의 안쪽 면이 본인 앞으로 오게 한다.)
3. 다음 단에서 처음 6코를 코막음하고 남은 20코는 끝까지 뜬다.
4. 높이가 22cm(54단)면 처음 11코를 코막음한다.
5. 남아 있는 9코를 가지고 높이가 6cm(14단) 될 때까지 뜬 후 코막음한다.

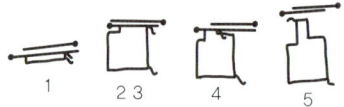

왼쪽 앞판
1. 시작코 26코를 잡아 메리야스뜨기를 한다.
2. 높이가 17.5cm(42단)가 되면 처음 6코는 코막음하고 남은 20코는 끝까지 뜬다.
3. 높이가 22cm(54단)가 되면 한 단을 더 뜬다.(뜨개 조직의 안쪽 면이 본인 앞으로 오게 한다.)
4. 다음 단에서 처음 11코를 코막음한다.
5. 남은 9코를 가지고 높이가 6cm(14단) 될 때까지 뜬 후 코막음한다.

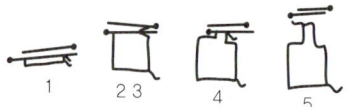

연결하기
1. 실을 정리한다.
2. 앞판과 뒤판을 겉면끼리 맞대고 같은 색의 봉제선끼리 돗바늘로 꿰맨다.
3. 왼쪽 앞판에 코 사이를 벌려 단춧구멍을 3개 만들고 반대편에 단추를 달아준다.

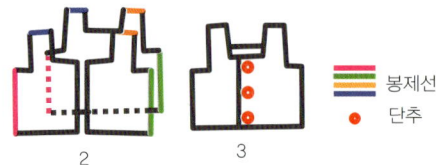

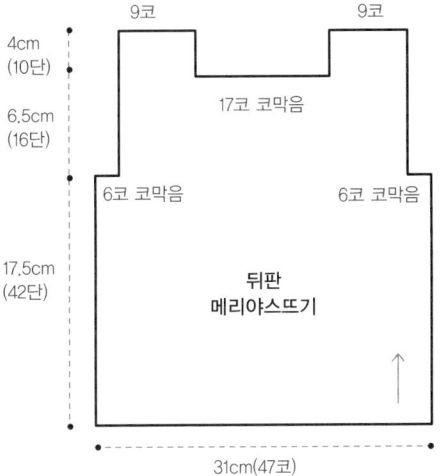
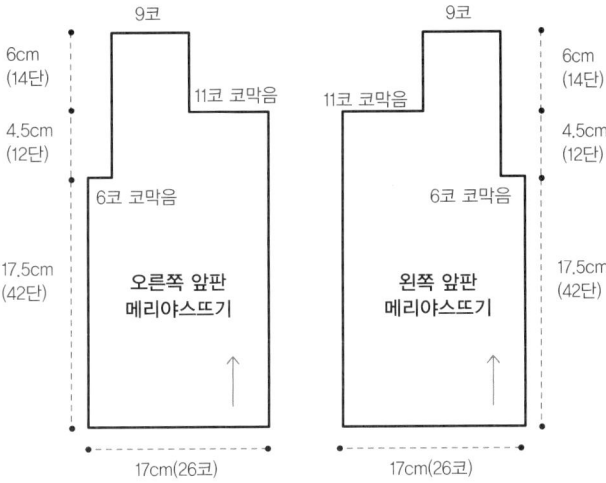

How to make

반바지

사이즈 12~18개월

준비물
실 : 필다르사의 파트너 3.5(PARTNER 3.5 : 나일론 50%, 울 25%, 아크릴 25%) 다크 그레이(Minerai) 2볼
대바늘 3.5mm 2세트, 돗바늘 1개, 바늘막음 1개, 단추 2개, 너비 2cm의 고무줄 52cm
*게이지 23코 30단

만들기

뒤판
1. 시작코 32코를 잡아 가터뜨기로 뜬다.
2. 높이가 1cm(3단)가 되면 메리야스뜨기로 이어 뜬다.
3. 높이가 2cm(6단)가 되면 바늘막음으로 막아두어 쉼코로 둔다.
4. 새로운 바늘을 이용해서 시작코 32코를 잡아 가터뜨기로 뜬다.
5. 높이가 1cm(3단)가 되면 메리야스뜨기로 이어 뜬다.
6. 높이가 2cm(6단)가 되면 32코를 뜨고, 감아코 만들기로 3코를 만들고, 쉼코로 두었던 32코를 이어 뜬다. 총 67코가 된다.
7. 계속해서 메리야스뜨기를 한다.
8. 전체 높이가 24.5cm(74단)가 되면 모든 코를 코막음한다.

앞판
뒤판과 같은 방법으로 뜬다.

멜빵끈
1. 시작코 7코를 잡아 가터뜨기로 뜬다.
2. 높이가 43cm(172단)가 되면 모든 코를 코막음한다.
3. 같은 방법으로 멜빵끈을 한 장 더 뜬다.

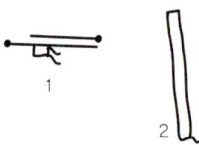

연결하기
1. 실을 정리한다.
2. 앞판과 뒤판을 겉면끼리 맞대고 같은 색의 봉제선끼리 꿰맨다.
3. 반바지의 윗부분을 2.5cm 안으로 접어 넣고 안면에서 꿰맨 후 그 사이로 고무줄을 통과시킨다.
4. 멜빵끈은 앞판에서는 단추와 함께 고정한다.
5. 멜빵끈을 교차시킨 후 뒤판의 윗부분에 고정한다.

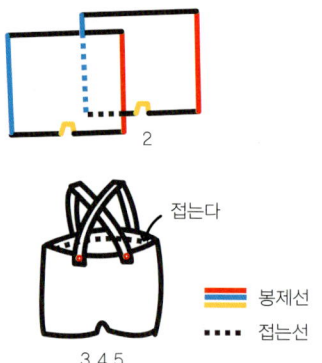

━━ 봉제선
┈┈ 접는선

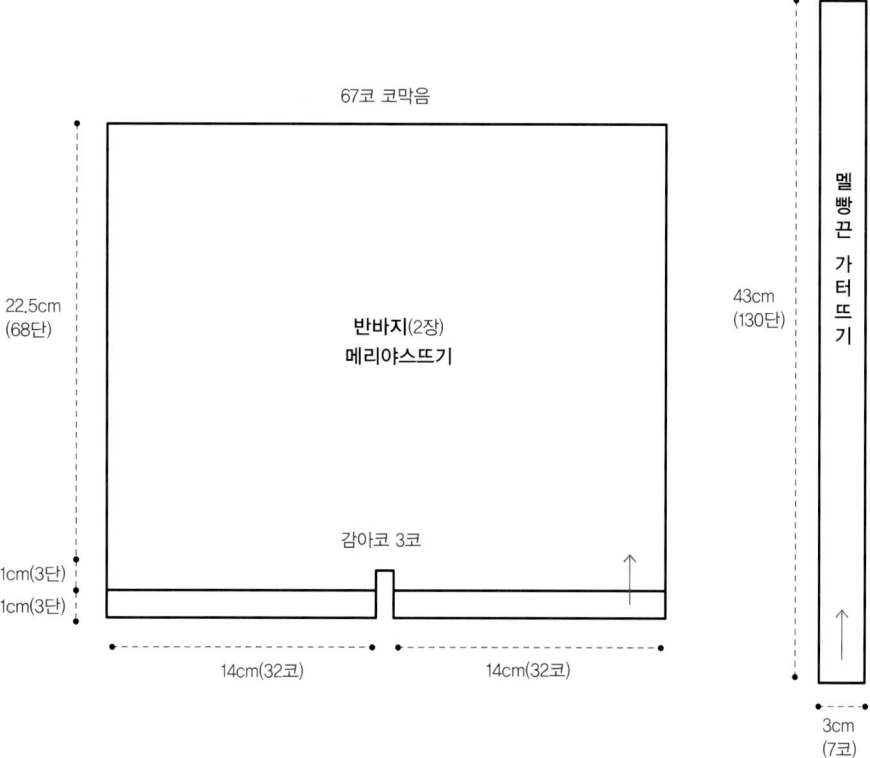

31
담요와 쿠션
Couverture & Coussin

부드럽고 아주 따뜻하고 사랑으로 가득 찬 담요와 쿠션.
밋밋할 수 있는 회색 담요와 쿠션에 토끼 얼굴을 수놓아 포인트를 줬죠.
쿠션에는 토끼의 귀를 길쭉하게 표현해서 아기가 인형처럼 좋아해요.
귀엽고 포근하게 아기를 감싸주는 세트!

미리 보는 뜨개 조직
12개월

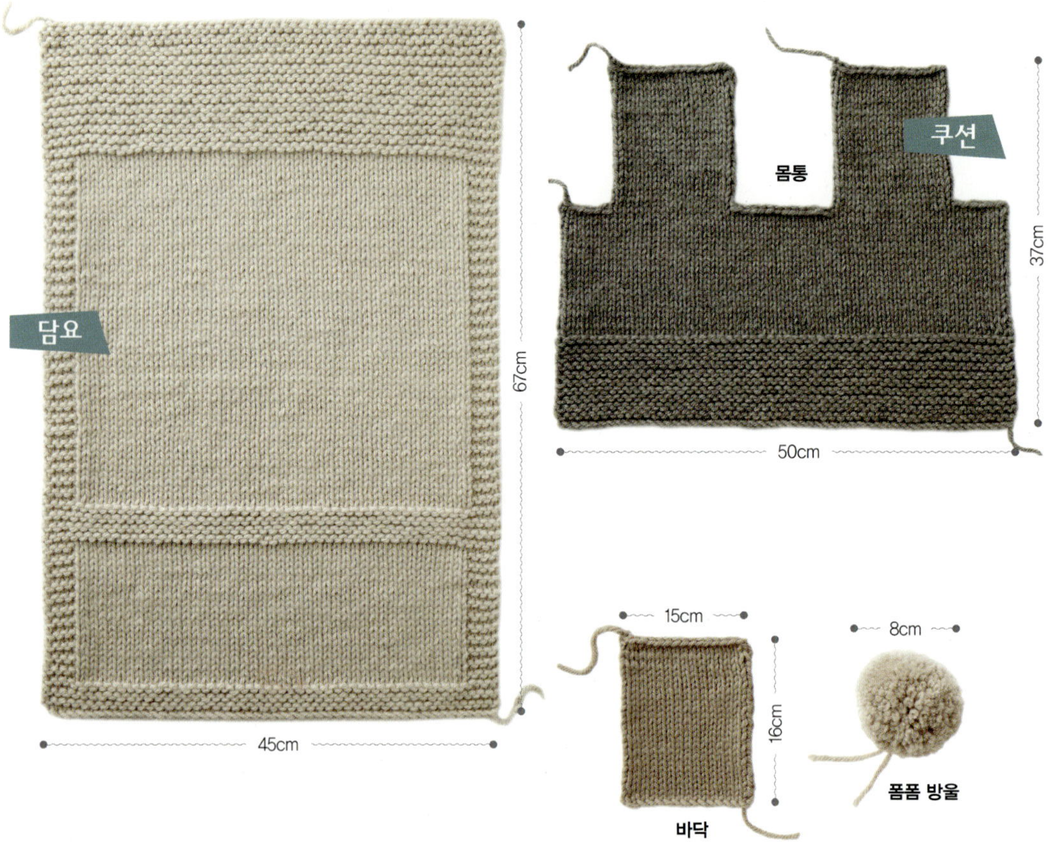

담요 — 45cm × 67cm

몸통 / **쿠션** — 50cm × 37cm

바닥 — 15cm × 16cm

폼폼 방울 — 8cm

Couverture & Coussin

How to make

담요

사이즈 12개월

준비물
실: 필다르사의 라피도(RAPIDO : 아크릴 25%, 울 25%, 폴리아미드 50%) 베이지(Chanvre) 6볼, 라이트 그레이(Acier) 1볼, 블랙(Noir) 1볼, 화이트(Craie) 1볼
대바늘 7mm, 돗바늘
*게이지 11코 16단(메리야스)
가터 게이지 11코 20단

만들기
1. 베이지색 실로 시작코 50코를 잡아 가터뜨기로 6단 뜬다.
2. 다음 단부터 다음과 같이 뜬다.
   : 가터뜨기 4코 → 메리야스뜨기 42코 → 가터뜨기 4코
3. 전체 높이가 17cm(28단)가 되면 모든 코를 가터뜨기로 8단 뜬다.
4. 다음 단부터 다음과 같이 이어 뜬다.
   : 가터뜨기 4코 → 메리야스뜨기 42코 → 가터뜨기 4코
5. 전체 높이가 55cm(90단)가 되면 모든 코를 가터뜨기로 26단 뜬다.
6. 다음 단에서 모든 코를 코막음한다.

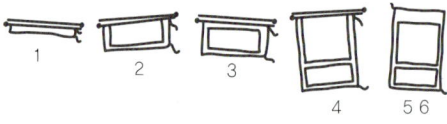

연결하기
1. 실을 정리한다.
2. 메리야스 스티치를 이용해서 수놓는다.

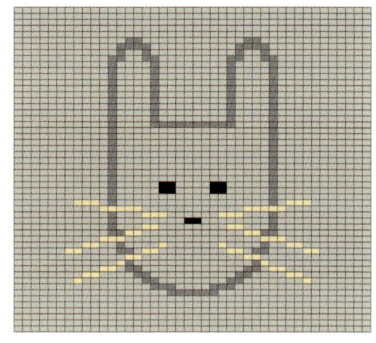

담요의 스티치 도안

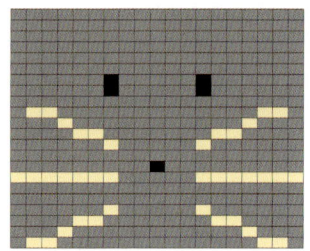

쿠션의 스티치 도안

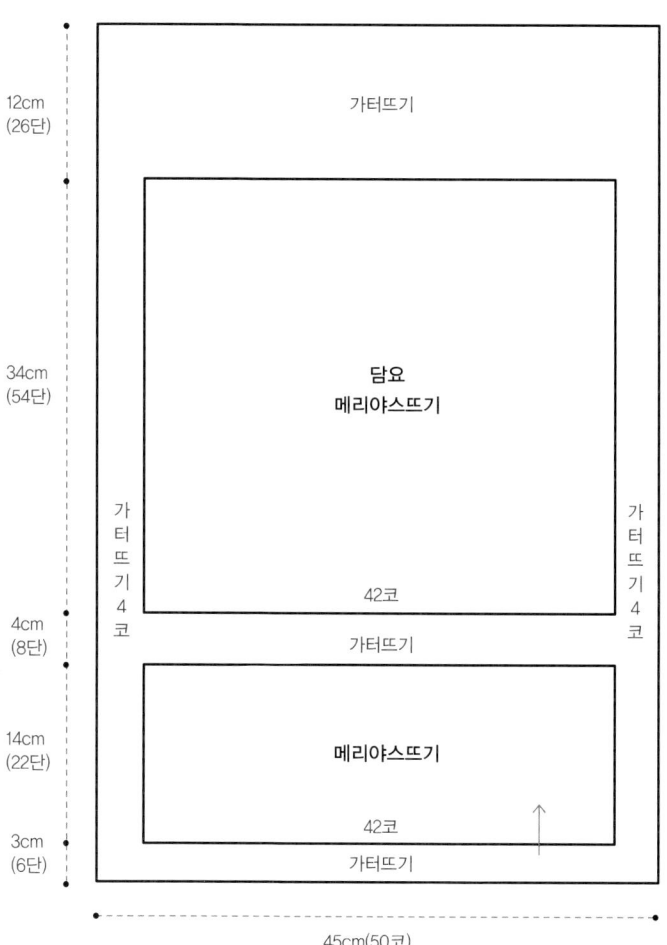

How to make

쿠션

사이즈 12개월

준비물
실 : 필다르사의 라피도(RAPIDO : 아크릴 25%, 울 25%, 폴리아미드 50%) 라이트 그레이(Acier) 3볼, 베이지(Chanvre) 1볼, 블랙(Noir) 1볼, 화이트(Craie) 1볼
대바늘 7mm 2세트, 바늘막음 1개, 돗바늘, 솜
*게이지 11코 16단

만들기

몸통
1. 라이트 그레이색 실로 시작코 55코를 잡아 가터뜨기로 20단 뜬다.
2. 계속해서 메리야스뜨기로 14cm(22단) 뜬다.
3. 다음 단에서 처음 6코는 코막음하고 16코는 뜬 후 바늘막음으로 막아둔다. 새로운 바늘을 이용해서 다음 11코를 코막음하고 다음 16코는 뜬 후 마지막 6코는 덮어씌워 마무리한다.
4. 16코를 가지고 높이가 14cm 될 때까지 뜬 후 코막음한다.
5. 쉼코로 걸려 있는 16코를 가지고 메리야스뜨기를 해서 높이가 14cm(22단) 될 때까지 뜬 후 코막음한다.

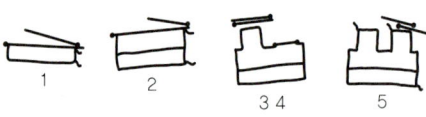

바닥
1. 베이지색 실로 시작코 16코를 잡아 메리야스뜨기로 16cm(26단) 뜬다.
2. 다음 단에서 모든 코를 코막음한다.

연결하기
1. 실을 정리한다.
2. 몸통의 중앙에 메리야스 스티치로 토끼 얼굴을 수놓는다.
3. 점선을 따라 몸통을 접은 후 같은 색의 봉제선끼리 돗바늘로 꿰맨다.
4. 귀와 몸통에 솜을 채워 넣고 바닥의 모서리가 둥글게 되도록 바닥을 몸통에 꿰맨다.
5. 지름 8cm짜리 폼폼 방울을 만들어서 토끼 엉덩이의 가터뜨기와 메리야스뜨기의 경계선에 꿰맨다.

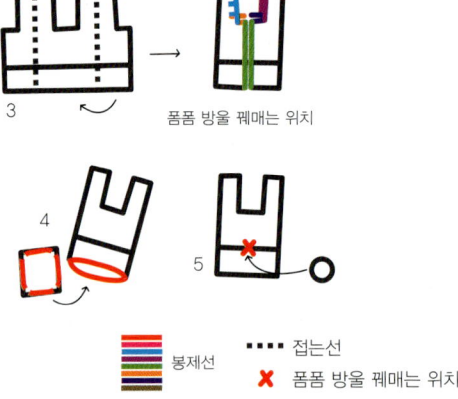

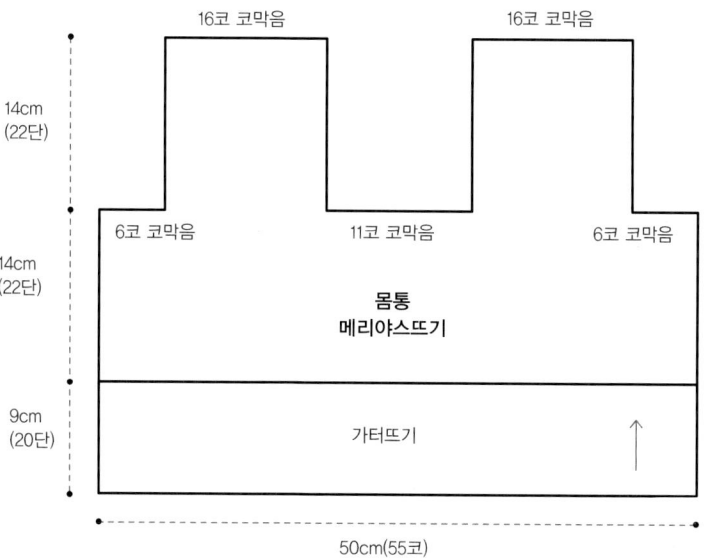
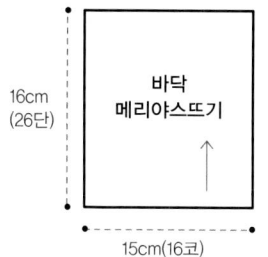

32
튜닉과 토시
Tunique & Guêtres

인디언 소녀 같은
디테일로 완성하는 튜닉과 토시.
모피 느낌의 소재로 더 따뜻한 느낌이죠?
튜닉에는 땋은 끈으로 만든 허리띠를
더해서 감각적이에요.
토시에도 끈과 컬러풀한 폼폼 방울을
장식해서 유니크하답니다.

미리 보는 뜨개 조직
4세 · 6세

〈4세용 도식화〉
〈6세용 도식화〉

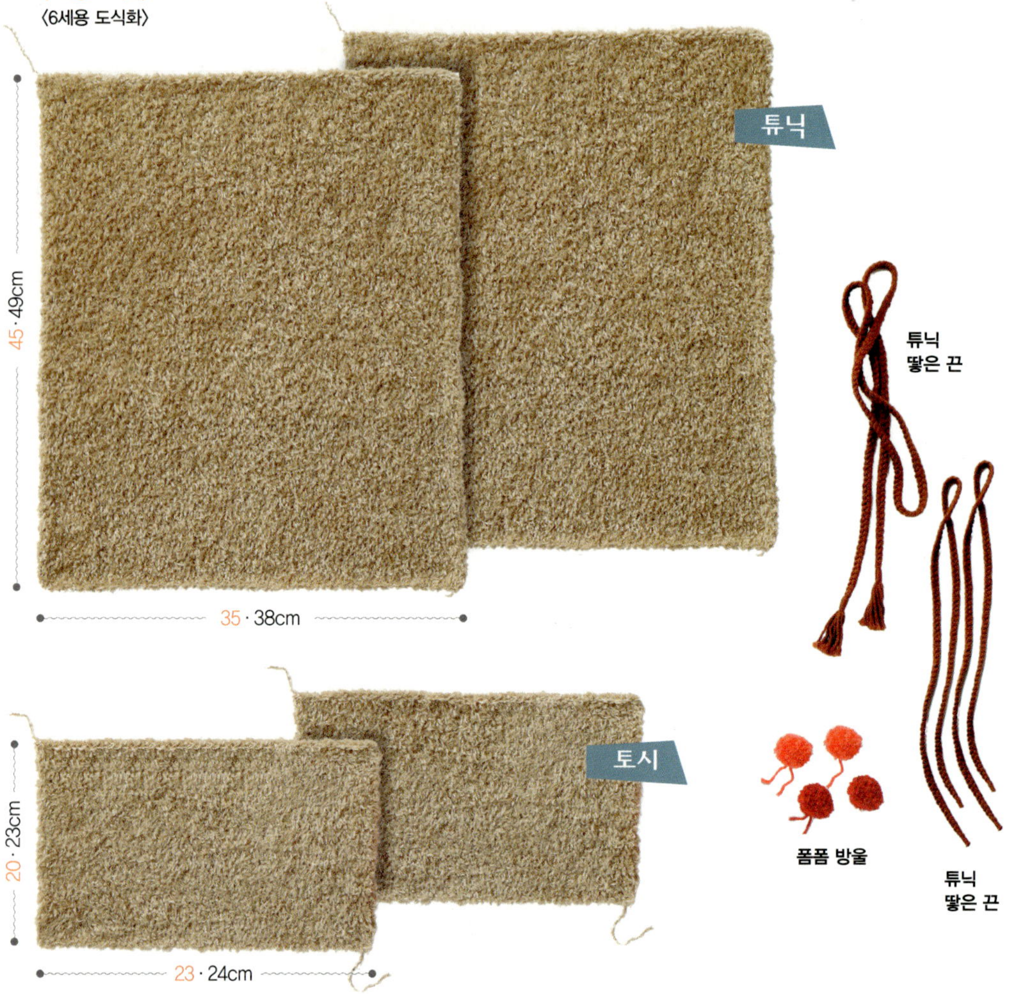

튜닉

45 · 49cm

35 · 38cm

토시

20 · 23cm

23 · 24cm

튜닉
땋은 끈

품품 방울

튜닉
땋은 끈

How to make

튜닉

사이즈 4세·6세

준비물
실 : 필다르사의 필올슨(PHIL OURSON : 아크릴 88%, 폴리아미드 12%) 라이트 브라운(Camel) – 4세 3볼 / 6세 4볼, 필다르사의 파트너 6(PARTNER 6 : 나일론 50%, 울 25%, 아크릴 25%) 다크 브라운(Chétaigne) 1볼
대바늘 4mm, 돗바늘 1개
*게이지 18코 26단

만들기
〈4세용〉

뒤판
1. 필올슨 실로 시작코 63코 잡아 메리야스뜨기를 한다.
2. 높이 45cm(117단)가 되면 모든 코를 코막음한다.

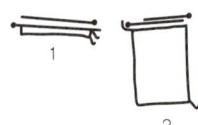

앞판
뒤판과 같은 방법으로 뜬다.

연결하기(6세용 수식도안 참고)
1. 실을 정리한다.
2. 뒤판과 앞판을 겹쳐놓고 같은 색 봉제선끼리 꿰맨다. (어깨는 6.5cm만큼 꿰매고 옆선은 밑에서부터 25cm 만큼 꿰맨다.)
3. 다크 브라운색 실 4올씩을 3개로 땋아서 길이가 185cm짜리 끈을 만든다.
   땋은 끈의 양쪽 끝에서 2~6cm 되는 곳에 실 1올로 여러 번 감아준다.

〈6세용〉

뒤판(4세용 수식도안 참고)
1. 필올슨 실로 시작코 68코 잡아 메리야스뜨기를 한다.
2. 높이 49cm(127단)가 되면 모든 코를 코막음한다.

앞판
뒤판과 같은 방법으로 뜬다.

연결하기(공통)
1. 실을 정리한다.
2. 뒤판과 앞판을 겹쳐놓고 같은 색의 봉제선끼리 꿰맨다. (어깨는 7.5cm만큼 꿰매고 옆선은 밑에서부터 28cm만큼 꿰맨다.)
3. 다크 브라운색 실 4올씩 3개를 땋아서 길이가 190cm 짜리 끈을 만든다.
   땋은 끈의 양쪽 끝에서 2~6cm 되는 곳에 실 1올로 여러 번 감아준다.

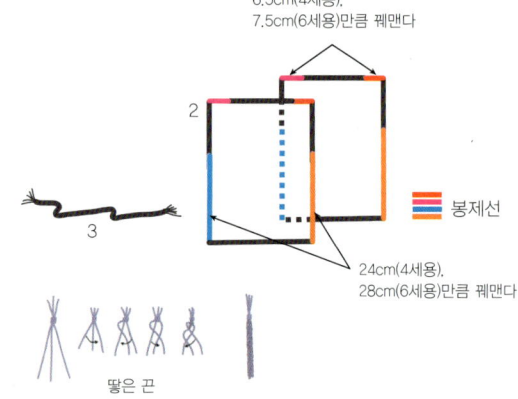

〈4세용〉

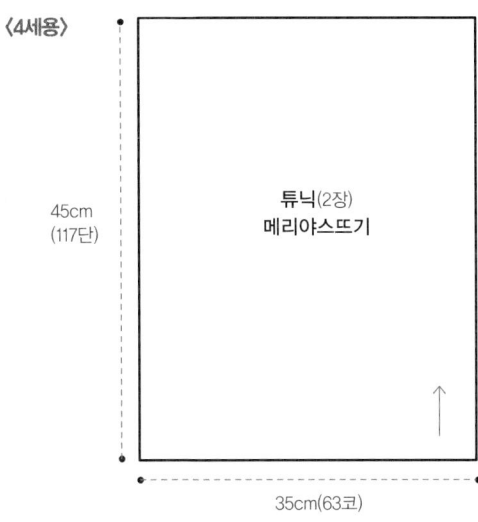

45cm
(117단)

튜닉(2장)
메리야스뜨기

35cm(63코)

〈6세용〉

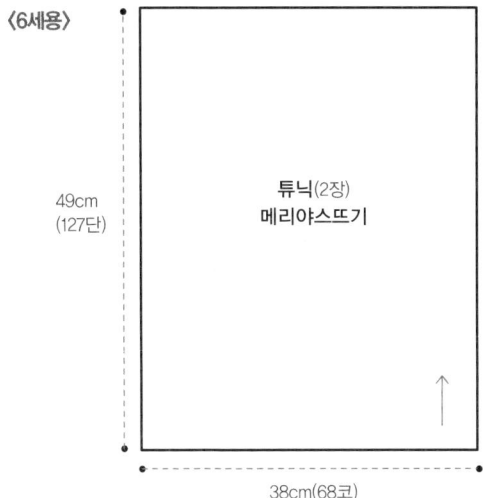

49cm
(127단)

튜닉(2장)
메리야스뜨기

38cm(68코)

How to make

토시

사이즈 4세 · 6세

준비물
실 : 필다르사의 필올슨(PHIL OURSON) 라이트 브라운(Camel) 1볼, 필다르사의 파트너 6(PARTNER 6), 다크 브라운(Chétaigne) 1볼, 자주빛 레드(Bengale) 1볼, 핑크(Grenadine) 1볼
대바늘 4mm, 돗바늘 1개
*게이지 18코 26단

만들기

〈4세용〉
1. 필올슨 실로 시작코 41코 잡아 메리야스뜨기를 한다.
2. 높이가 20cm(52단)가 되면 모든 코를 코막음한다. 같은 방법으로 한 장 더 뜬다.

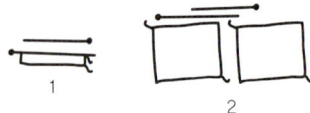

폼폼 방울(공통)
1. 두꺼운 종이를 원 모양으로 2장 자른다. 원의 안쪽을 그림과 같이 잘라준다.
2. 그림과 같이 고리모양으로 2장 만든다.
3. 원에 실을 충분히 감아준다.
4. 두 개의 원 사이에 가위를 넣어 실을 자른다.
5. 실로 두 원 사이을 여러 번 세게 감아준다.
6. 묶어 고정한다.
7. 잘 묶어졌는지 확인한 후 종이를 제거한다.

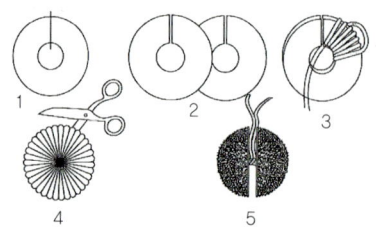

〈6세용〉
1. 필올슨 실로 시작코 43코를 잡아 메리야스뜨기를 한다.
2. 높이가 23cm(60단)가 되면 모든 코를 코막음한다. 같은 방법으로 한 장 더 뜬다.

연결하기
1. 실을 정리한다.
2. 토시를 반으로 접은 후 봉제선을 따라 꿰맨다.
3. 자주빛 레드색 실로 지름 4cm짜리 폼폼 방울 2개, 핑크색 실로 지름 4cm짜리 폼폼 방울 2개를 만든다.
4. 다크 브라운색 실을 이용해서, 실 3올씩 3개로 땋아 길이가 103cm인 끈을 2개 만든다.
5. 각 색상의 폼폼 방울을 땋은 끈의 양끝에 고정한다.

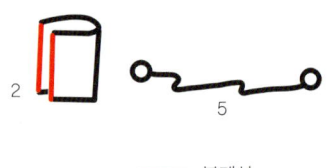

— 봉제선
○ 폼폼 방울

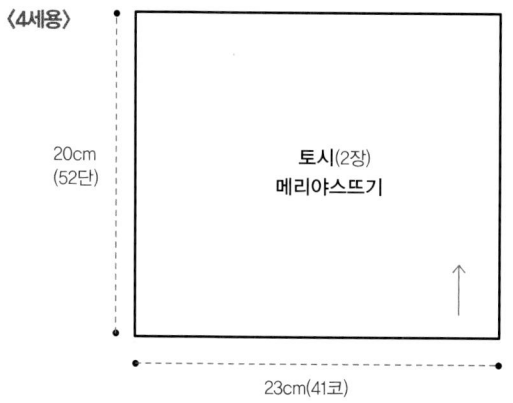

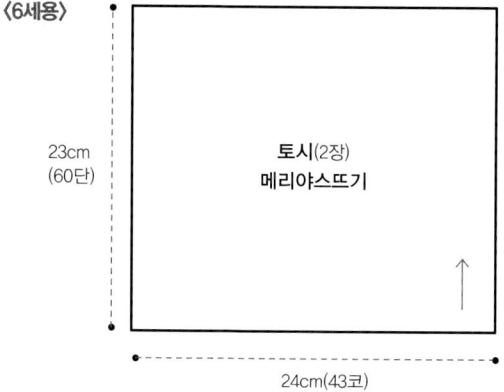

33
원피스와 덧신
Robe & Chaussons

두 가지 핑크색을 배색해 만든 원피스와 덧신.
리본 장식이 포인트라서 여자아이에게 참 어울려요.
브이 네크라인에다 주름을 잡은 원피스가 참 여성스럽죠.
심플한 덧신에도 큼지막한 리본을 달아주세요.
그야말로 100% 여자아이를 위한 풀착장!

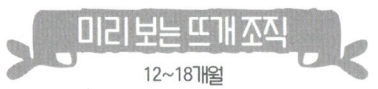

미리 보는 뜨개 조직

12~18개월

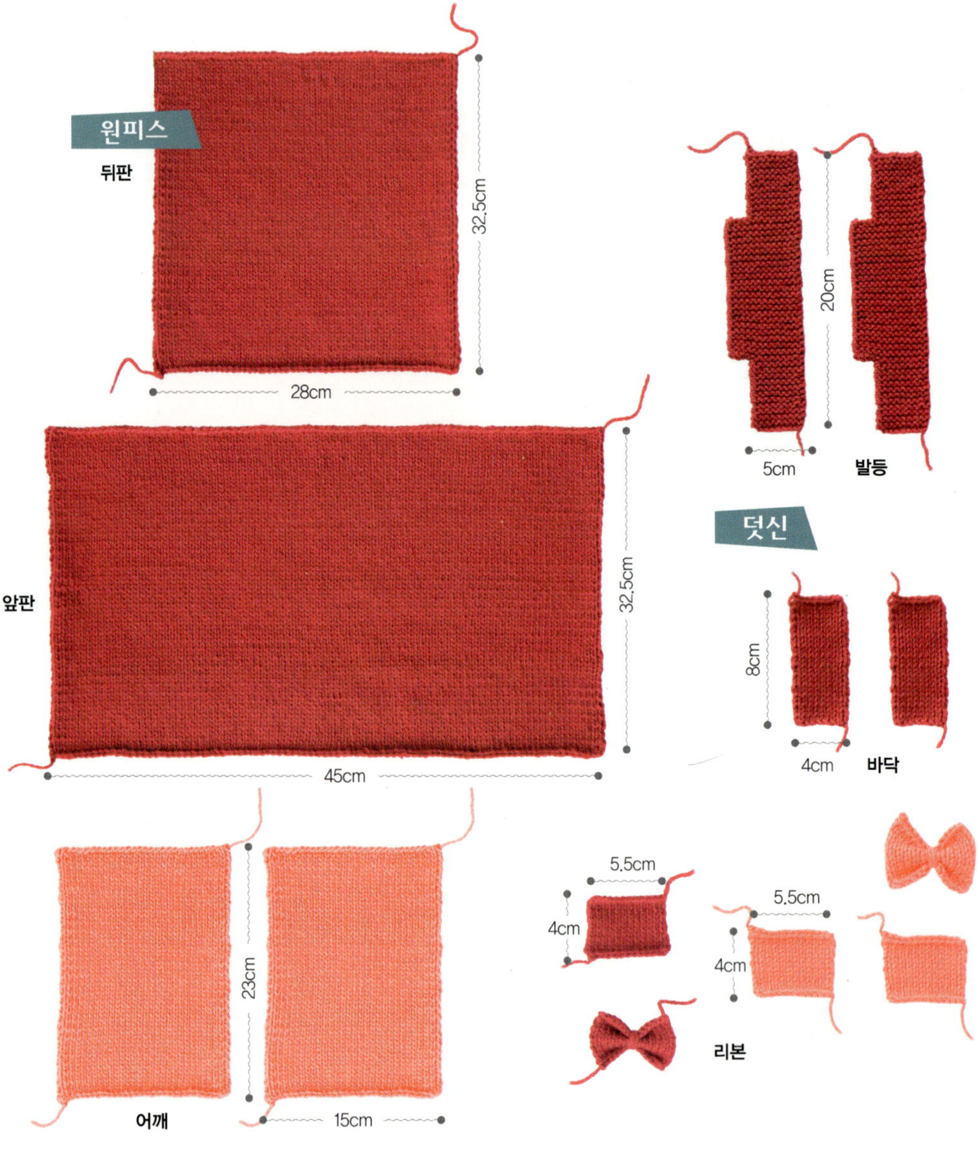

원피스
뒤판
32.5cm
28cm
앞판
32.5cm
45cm
어깨
23cm
15cm
20cm
5cm
발등
덧신
8cm
4cm
바닥
5.5cm
4cm
5.5cm
4cm
리본

How to make

원피스

사이즈 12~18개월

준비물
실:필다르사의 파트너 3.5(PARTNER 3.5 : 나일론 50%, 울 25%, 아크릴 25%) 자주빛 레드(Bengale) 3볼, 네온핑크(Grenadine) 1볼
대바늘 3.5mm, 돗바늘 1개
*게이지 23코 30단

만들기

뒤판
1. 자주빛 레드색 실로 시작코 65코를 잡아 메리야스 뜨기한다.
2. 전체 높이가 32.5cm(98단)가 되면 모든 코를 코막음한다.

앞판
1. 자주빛 레드색 실로 시작코 104코를 잡아 메리야스 뜨기한다.
2. 전체 높이가 32.5cm(98단)가 되면 모든 코를 코막음한다.

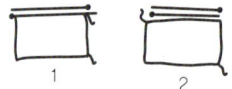

어깨
1. 네온 핑크색 실로 시작코 35코를 잡아 메리야스뜨기한다.
2. 전체 높이가 23cm(70단)가 되면 모든 코를 코막음한다.
3. 같은 방법으로 한 장 더 뜬다.

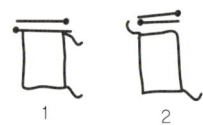

연결하기
1. 실을 정리한다.
2. 스커트 앞판 위쪽에 코 사이로 실을 통과시켜 주름을 잡아, 너비가 28cm가 되게 한다.
3. 스커트의 앞판과 뒤판을 겹쳐놓고 같은 색상의 봉제선끼리 꿰맨다.
4. 어깨는 반으로 접어서 앞판과 뒤판을 연결해 같은 색의 봉제선끼리 꿰맨다.
5. 앞중심에 봉제선을 따라 2cm 꿰매주어 네크라인을 만들고 리본을 달아준다.

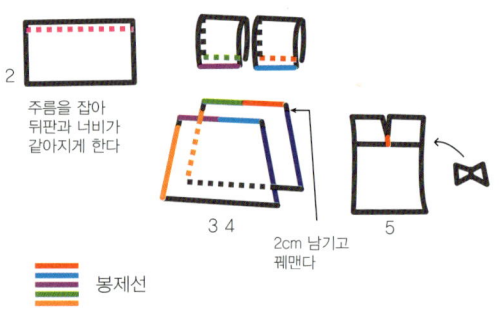

━━ 봉제선
┄┄ 주름 잡는 실

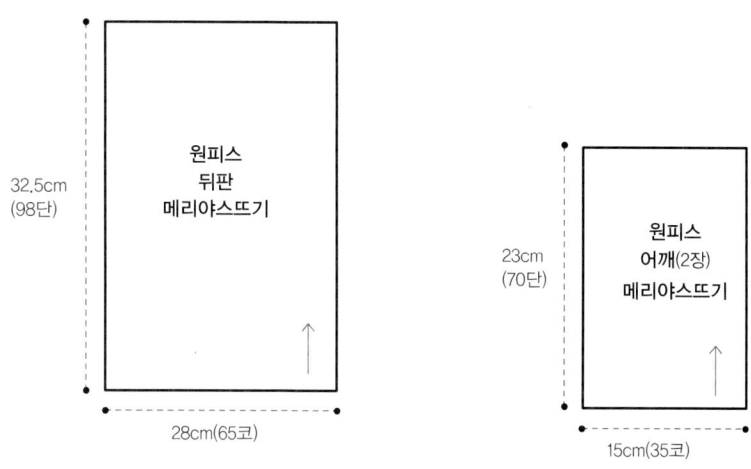

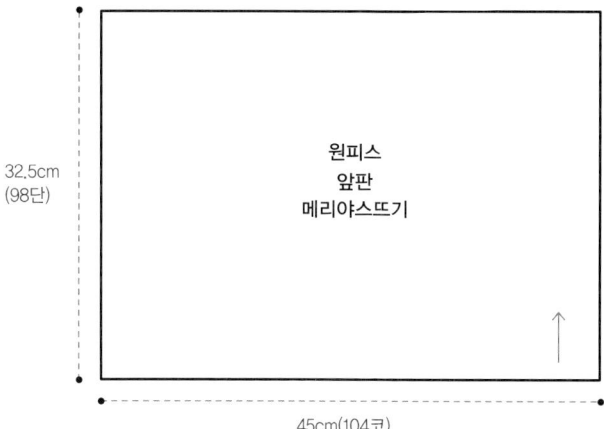

How to make

덧신

사이즈 3개월

준비물
실 : 필다르사의 파트너 3.5(PARTNER 3.5 : 나일론 50%,
울 25%, 아크릴 25% 자주빛 레드(Bengale) 1볼, 네
온핑크(Grenadine) 1볼
대바늘 3.5mm, 돗바늘 1개
*게이지 23코 30단

만들기

발등
1. 자주빛 레드색 실을 사용해서 시작코 9코를 잡아 가
   터뜨기로 5cm(14단) 뜬다.
2. 다음 단에서 9코를 뜨고 감아코 만들기로 4코를 만
   든다. 13코가 된다. 계속해서 10cm(30단) 이어 뜬
   다.
3. 한 단을 뜬다. 다음 단에서 처음 4코를 코막음하고
   남은 9코는 끝까지 뜬다. 전체 높이가 20cm(58단)
   가 되면 모든 코를 코막음한다.
4. 같은 방법으로 덧신을 한 장 더 뜬다.

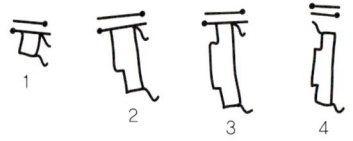

바닥
1. 자주빛 레드색 실을 사용해서 시작코 9코를 잡아 메
   리야스뜨기로 8cm(24단) 뜬다.
2. 다음 단에서 모든 코를 코막음한다.
   같은 방법으로 바닥을 한 장 더 뜬다.

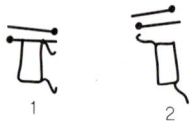

리본
1. 시작코 13코를 잡아 메리야스뜨기로 4cm(12단) 뜬다.
2. 다음 단에서 모든 코를 코막음한다.
3. 원피스에 붙일 리본은 자주빛 레드색 실로 1장 뜨고,
   덧신에 붙일 리본은 네온 핑크색 실로 2장 뜬다.

연결하기
1. 실을 정리한다.
2. 점선을 따라 반으로 접은 후 봉제선을 따라 덧신 발
   등을 꿰맨다.
3. 발바닥이 동그란 모양이 되도록 모서리를 굴려가며
   바닥을 덧신에 꿰맨다.
4. 덧신 발끝에 코 사이로 실을 통과시킨 후 조여주고
   고정한다.
5. 덧신을 뒤집는다. 리본의 중앙에 실을 여러 번 감아
   조여주어 리본 모양을 만들고 덧신에 고정한다.

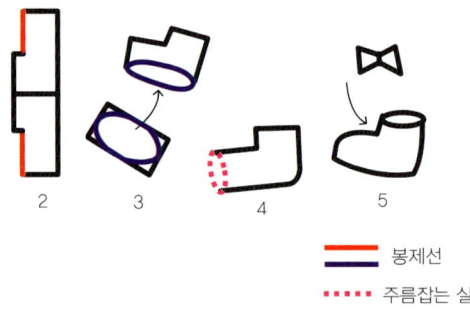

━━ 봉제선
‥‥‥ 주름잡는 실

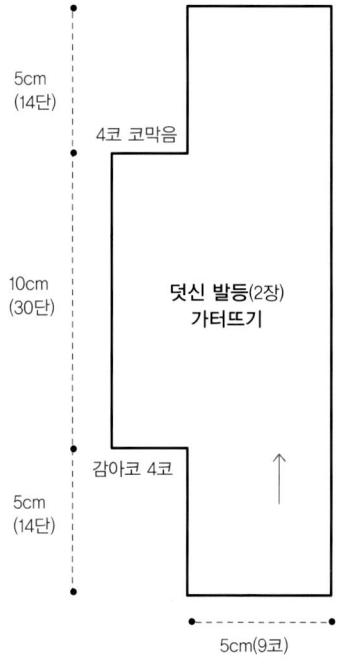
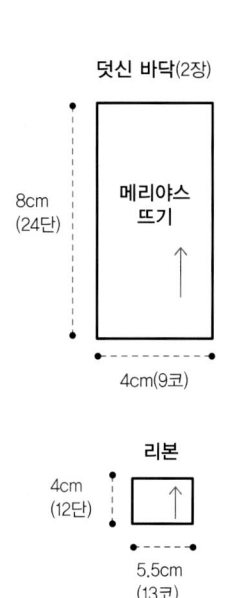

34
방한모와 숄
Cagoule & Chèche

따뜻하면서도 익살스러운 소품 두 개를 만들어볼까요?
귀가 달린 방한모와 강렬한 색상의 숄이에요.
추운 날, 뒤집어쓰면 정말 따뜻하고 예뻐요.
실용적이면서 재미있는 소품들로 아이의 패션을 완성하세요!

미리 보는 뜨개 조직
2세 · 4~6세

⟨2세 도식화⟩
⟨4~6세 도식화⟩

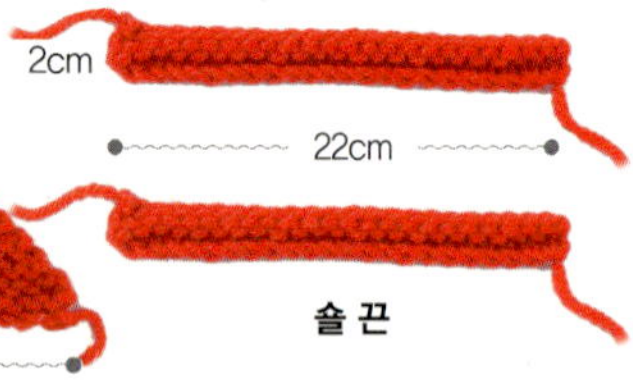

방한모

35.5 · 38cm

50 · 54cm

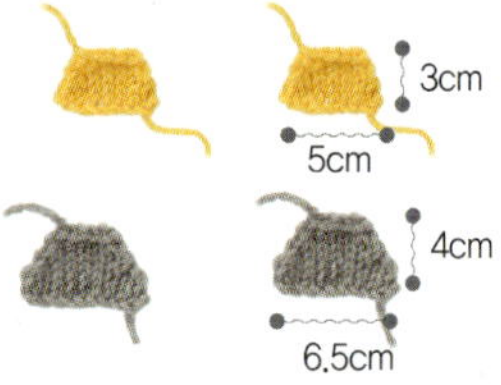

3cm
5cm

4cm
6.5cm

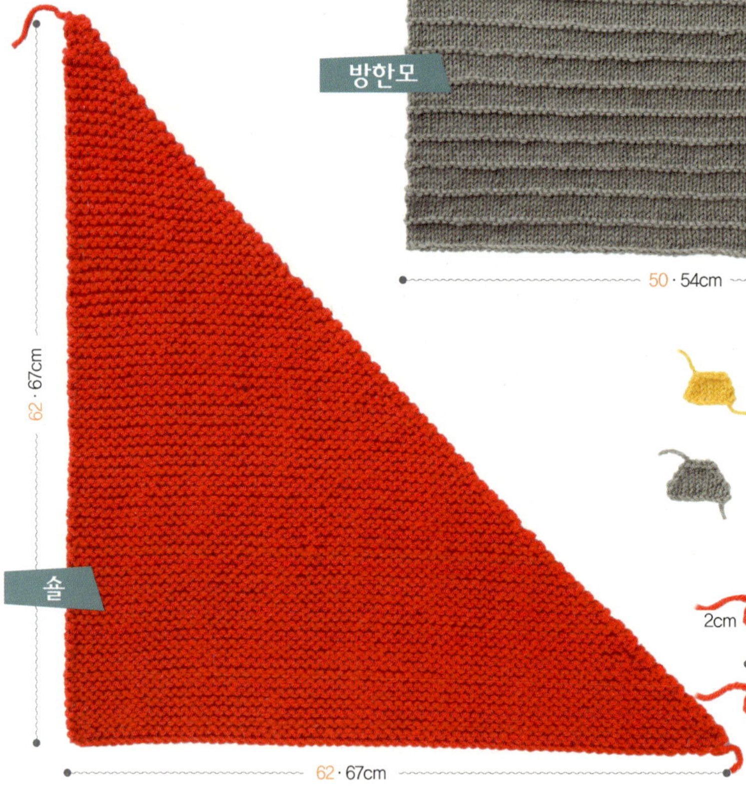

숄

62 · 67cm

62 · 67cm

2cm
22cm

숄 끈

How to make

방한모와 숄

사이즈 2세 · 4~6세
준비물
방한모
실: 필다르사의 파트너 6(PARTNER 6 : 나일론 50%, 울 25%, 아크릴 25%) 라이트 그레이(Acier) - 2세 3볼 / 4~6세 4볼, 다크 옐로(Orge) 1볼
대바늘 6mm, 돗바늘 1개
*가터뜨기 게이지 15코 22단
응용무늬뜨기 : 메리야스 4단 → 가터뜨기 2단

숄
실: 필다르사의 라피도(RAPIDO : 아크릴 25%, 울 25%, 폴리아미드 50%) 오렌지(Vermillon) - 2세 5볼 / 4~6세 6볼
대바늘 7mm, 돗바늘 1개
*무늬뜨기 게이지 11코 21단

만들기
〈2세용〉
방한모
1. 라이트 그레이색 실로 시작코 75코 잡아 응용무늬를 총 12번 반복한 후 메리야스뜨기를 4단 더 뜬다.
2. 76단까지 뜬 후 다크 옐로색 실로 바꾸어 가터뜨기 2단을 뜬 후 모든 코를 코막음한다.

귀
도안을 따라 메리야스뜨기를 한다. 라이트 그레이색 실로 2장, 다크 옐로색 실로 2장 뜬다.

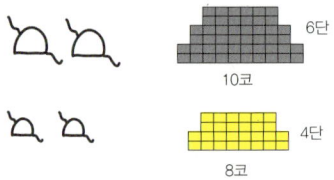

숄
1. 시작코 68코를 잡아 가터뜨기로 4단 뜬다.
2. 다음 단에서 첫 코를 코막음하고 남은 코는 끝까지 겉뜨기로 뜬다.
3. 다음 단은 겉뜨기로 뜬다.
4. 단계 2와 3을 계속해서 반복한다.
5. 바늘에 2코만 남게 되면 코막음한다.

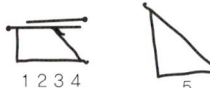

*숄 끈, 숄 연결하기, 방한모 연결하기는 4~6세용 참고.

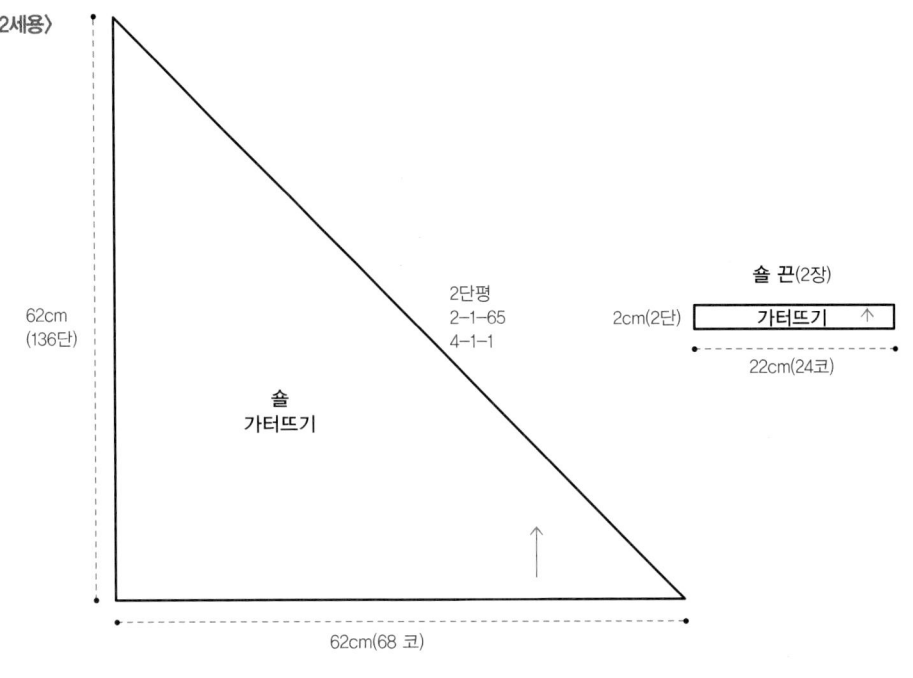
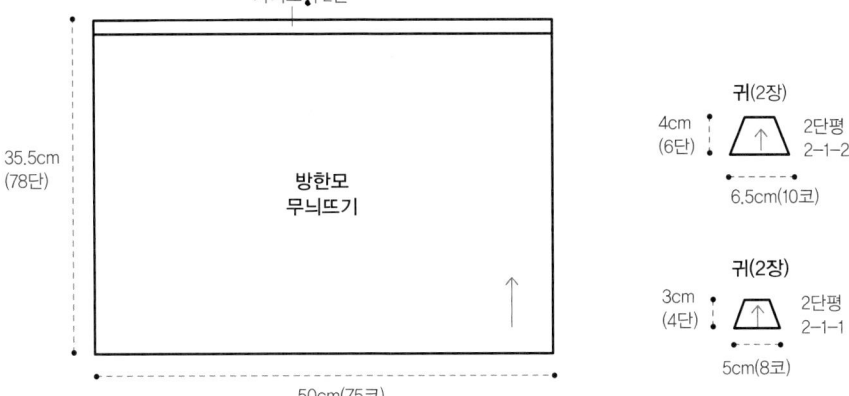

How to make

⟨4~6세용⟩

방한모(2세용 수식도안 참고)
1. 라이트 그레이색 실로 시작코 81코를 잡아 응용무늬를 총 13번 반복한 후 메리야스뜨기를 4단 더 뜬다.
2. 82단까지 뜬 후 다크 옐로색 실로 바꾸어 가터뜨기 2단을 뜬 후 모든 코를 코막음한다.

귀(2세용 수식도안 참고)
도안을 따라 메리야스뜨기를 한다. 라이트 그레이색 실로 2장, 다크 옐로색 실로 2장 뜬다.

솔
1. 시작코 73코를 잡아 가터뜨기로 4단 뜬다.
2. 다음 단에서 첫 코를 코막음하고 남은 코는 끝까지 겉뜨기로 뜬다.
3. 다음 단은 겉뜨기로 뜬다.
4. 단계 2와 3을 계속해서 반복한다.
5. 바늘에 2코만 남게 되면 코막음한다.

솔 끈(공통)
1. 시작코 24코를 잡아, 가터뜨기로 2단 뜬 후 코막음한다.
2. 같은 방법으로 한 장 더 뜬다.

솔 연결하기(공통)
1. 실을 정리한다.
2. 솔의 양쪽 끝에 끈을 고정한다.

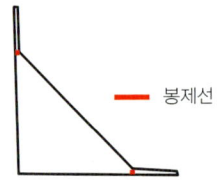
— 봉제선

방한모 연결하기(공통)
1. 실을 정리한다.
2. 봉제선을 따라 방한모의 옆선을 돗바늘로 꿰맨다.
3. 라이트 그레이색 귀 위에 다크 옐로색 귀를 올려놓고 봉제선을 따라 꿰매어 연결한다.
4. 귀를 방한모에 고정한다.

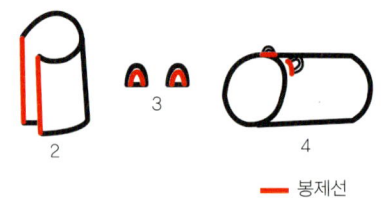
— 봉제선

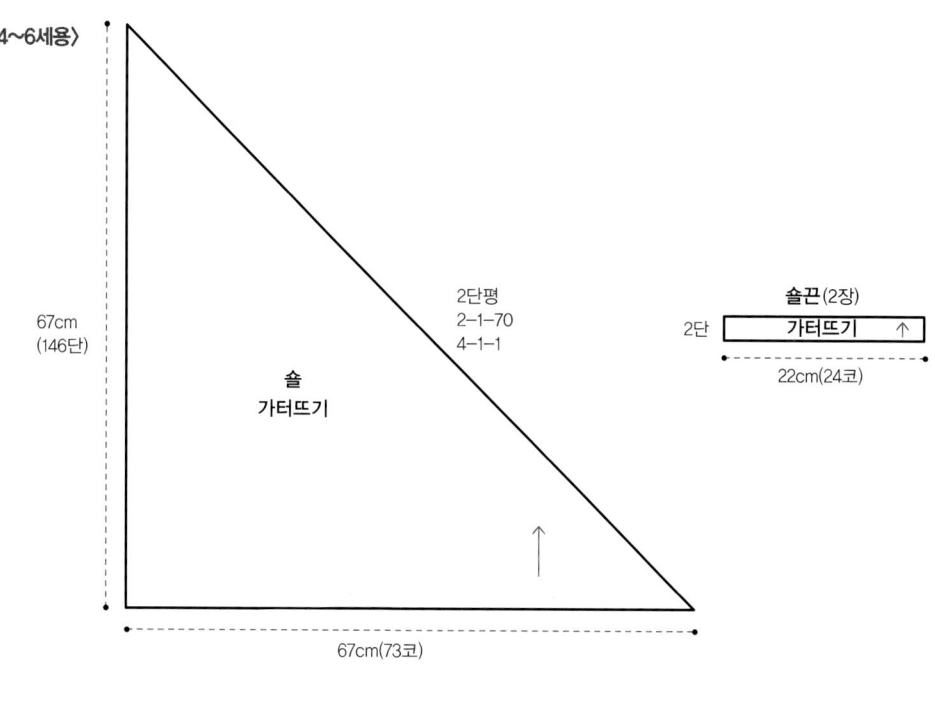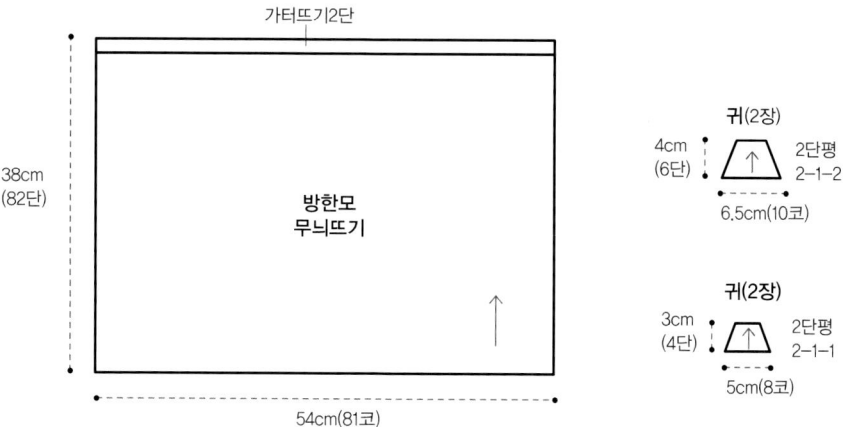

35
멜빵끈 달린 조끼
Gilet

멜빵끈이 달린 사랑스러운 조끼예요.
등 뒤에서 교차되는 멜빵끈이 캐주얼한 분위기를 자아낸답니다.
메리야스뜨기, 멍석뜨기, 고무뜨기 이용해 만들 수 있어요.
여밈은 등 뒤에서 단추로 해요.

How to make

조끼

사이즈 4세 · 6세

준비물
실 : 필다르사의 렝코튼(LAINE COTON : 울 50%, 코튼 50%) 오렌지(Ecarlate) – 4세 2볼 / 6세 3볼
대바늘 2.5mm 2세트(평소보다 더 촘촘히 뜬다.)
바늘막음, 단추(지름 27mm) 3개

*사용된 기법
2코/2코 고무뜨기 : (겉뜨기 2코, 안뜨기 2코) × 계속 반복한다.

무늬뜨기
멍석뜨기 : 전체 콧수는 홀수로 한다.
1단 : (겉뜨기 1코, 안뜨기 1코) × 계속 반복하다가, 겉뜨기 1코로 끝낸다.
2단 : (겉뜨기 1코, 안뜨기 1코) × 계속 반복하다가, 겉뜨기 1코로 끝낸다.
1단~2단을 항상 반복한다. 즉, 각 단마다 이전 단과 반대로 뜬다.

*게이지 : 뜨개를 시작하기 전에 반드시 게이지를 낸다.
메리야스뜨기(대바늘 2.5mm, 정사각형 10cm) = 25코 36단
멍석뜨기(대바늘 2.5mm, 정사각형 10cm) = 24코 36단
2코 고무단(대바늘 2.5mm, 20cm) = 53코

만들기
〈4세용〉
몸판(6세용 수식도안 참고)
전체를 한 장으로 뜬다.

1. 2.5mm 대바늘을 사용해서 시작코 144코를 잡아 2코/2코 고무뜨기를 한다. 이때 고무단의 시작과 끝은 겉뜨기 3코씩으로 한다.
2. 단춧구멍 만들기 : 1번과 같이 뜨면서 4코짜리 단춧구멍 3개를 만든다. 단춧구멍의 위치는 오른쪽 가장자리에서 4코 들어와서 (5번째 코부터) 만들며, 아래에서 1.5cm(4단) 떨어진 위치에 첫 번째 단춧구멍을 만들고, 단춧구멍 사이를 3cm(8단)씩 띄운다.
3. 이와 동시에 전체 높이가 6.5cm(24단)가 되었을 때 첫 11코만 가지고 뜨고 나머지 133코는 쉼코로 걸어둔다. 이때 11번째 코를 뜨고 난 후 1코를 늘려준다 (=시접코, 감아코로 늘림).
이 12코를 가지고 2코 고무단을 2.5cm(10단) 뜬 후 모든 코를 코막음한다.
4. 쉼코로 두었던 133코 중에 맨 끝에 있는 11코는 다른 바늘에 옮겨두고 가운데 122코만 가지고 뜬다. 단을 시작할 때 1코를 만들어주고(=시접 1코), 처음에 멍석뜨기로 3코를 골고루 줄여가며 44코를 뜨고(=41코, 10코, 2코 같이 뜨기, 10코, 2코 같이 뜨기, 10코, 2코 같이 뜨기, 11코), 메리야스뜨기로 1코를 줄이며 34코를 뜨고(=33코, 16코, 2코 같이 뜨기, 16코), 멍석뜨기로 3코를 골고루 줄여가며 44코를 뜬 후(=41코, 10코, 2코 같이 뜨기, 10코, 2코 같이 뜨기, 10코, 2코 같이 뜨기, 11코), 마지막에 1코를 늘려준다(=시접 1코).
5. 남은 코 117코를 가지고 다음과 같이 뜬다 : 시접코 1코, 멍석뜨기 41코, 겉메리야스뜨기 33코, 멍석뜨기 41코, 시접코 1코
6. 고무단 이후의 높이가 2.5cm(10단)가 되면 양쪽으로 35코씩 코막음한다.
7. 남은 코 47코를 가지고 다음과 같이 뜬다 : 멍석뜨기 7코, 메리야스뜨기 33코, 멍석뜨기 7코
8. 고무단 이후의 높이가 12.5cm(46단)가 되면 모든 코를 멍석뜨기로 2.5cm(10단)를 뜨고 모든 코를 코막음한다.
9. 다시 4번에서 남겨두었던 11코로 와서 처음에 1코를 만든다(=시접코). 이 12코를 가지고 2코 고무단으로 2.5cm(10단) 뜬 후 모든 코를 코막음한다.

*어깨끈 만들기, 연결하기는 6세용 참고.

〈4세용〉

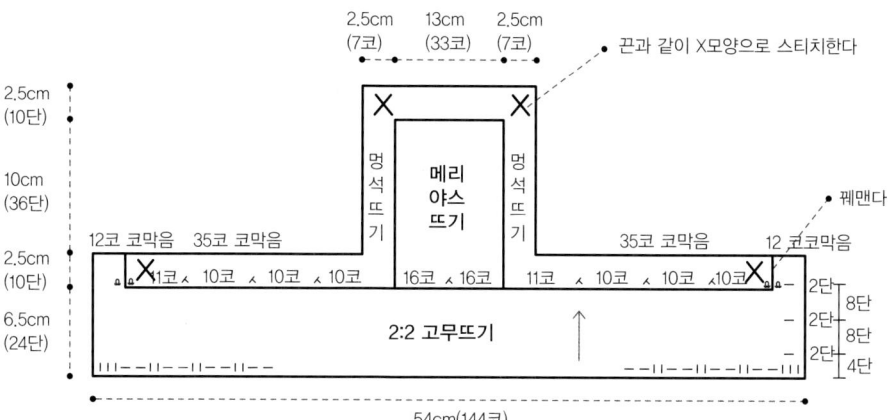

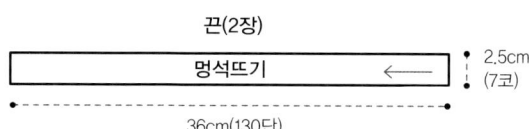

How to make

〈6세용〉

몸판

전체를 한 장으로 뜬다.

1. 2.5mm 대바늘을 사용해서 시작코 160코를 잡아 2코/2코 고무뜨기를 한다. 이때 고무단의 시작과 끝은 겉뜨기 3코씩으로 한다.
2. 단춧구멍 만들기 : 1번과 같이 뜨면서, 4코짜리 단춧구멍 3개를 만든다. 단춧구멍의 위치는 오른쪽 가장자리에서 4코 들어와서 (5번째 코부터) 만들며, 아래에서 1.5cm(4단) 떨어진 위치에 첫 번째 단춧구멍을 만들고, 단춧구멍 사이를 4cm(10단)씩 띄운다.
3. 이와 동시에 전체 높이가 7.5cm(28단)가 되었을 때, 첫 11코만 가지고 뜨고 나머지 149코는 쉼코로 걸어둔다. 이때, 11번째 코를 뜨고 난 후 1코를 늘려준다 (=시접코, 감아코로 늘림).
   이 12코를 가지고 2코 고무단을 3.5cm(12단) 뜬 후, 모든 코를 코막음한다.
4. 쉼코로 두었던 149코 중에, 맨 끝에 있는 11코는 다른 바늘에 옮겨두고 가운데 138코만 가지고 뜬다. 단을 시작할 때 1코를 만들어주고(=시접1코), 처음에 멍석뜨기로 4코를 골고루 줄여가며 52코를 뜨고 (=48코, 12코, 2코 같이 뜨기, 12코, 2코 같이 뜨기, 12코, 2코 같이 뜨기, 13코), 메리야스뜨기로 1코를 줄이며 34코를 뜨고(=33코, 16코, 2코 같이 뜨기, 16코), 멍석뜨기로 4코를 골고루 줄여가며 52코를 뜬 후(=48코, 12코, 2코 같이 뜨기, 12코, 2코 같이 뜨기, 12코, 2코 같이 뜨기, 13코), 마지막에 1코를 늘려준다(=시접 1코).
5. 남은 코 131코를 가지고 다음과 같이 뜬다. : 시접코 1코, 멍석뜨기 48코, 겉메리야스뜨기 33코, 멍석뜨기 48코, 시접코 1코
6. 고무단 이후의 높이가 3.5cm(12단)가 되면 양쪽으로 40코씩 코막음한다.
7. 남은 코 51코를 가지고 다음과 같이 뜬다 : 멍석뜨기 9코, 메리야스뜨기 33코, 멍석뜨기 9코
8. 고무단 이후의 높이가 15cm(54단)가 되면 모든 코를 멍석뜨기해서 3.5cm(12단)를 뜨고 모든 코를 코막음한다.
9. 다시 4번에서 남겨두었던 11코로 와서 처음에 1코를 만든다(=시접코). 이 12코를 가지고 2코 고무단으로 3.5cm(12단) 뜬 후 모든 코를 코막음한다.

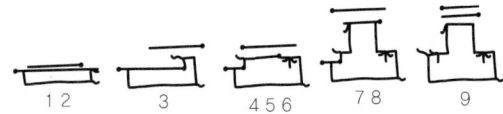

멜빵끈 만들기(공통)

1. 시작코 7(9)코를 잡아 멍석뜨기로 36, 41cm(130, 148단) 뜬 후 모든 코를 코막음한다.
2. 동일하게 한 장 더 뜬다.

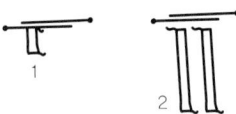

연결하기(공통)

1. 단추 덧단의 윗부분을 꿰맨다.
2. 단춧구멍과 마주 보는 위치에 단추를 달아준다.
3. 어깨끈의 한쪽 끝을 앞판의 상단 모퉁이에 꿰맨다. 한쪽 끝을 앞판의 멍석뜨기 부분에 고정하고, 다른 끝은 등에서 교차시켜서 반대쪽 아래의 멍석뜨기 부분에 고정한다. (사진과 도식화의 'X'표시 부분 참고)
4. 어깨끈이 고정된 부분에 실을 2겹으로 하여 크로스 스티치로 수놓는다.

〈6세용〉

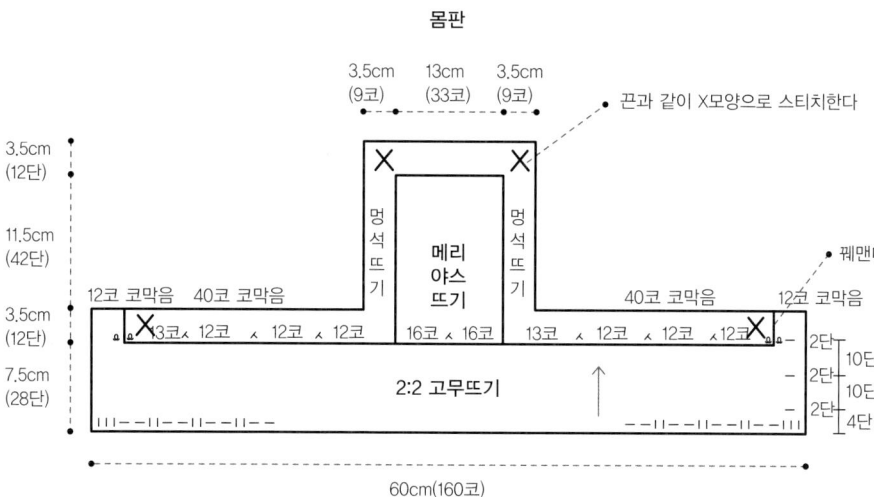

끈(2장)

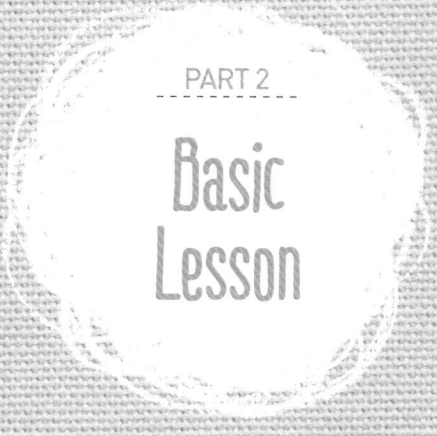

초보자를 위한 참 쉬운 손뜨개 레슨

❄ 손뜨개에 필요한 도구 ❄

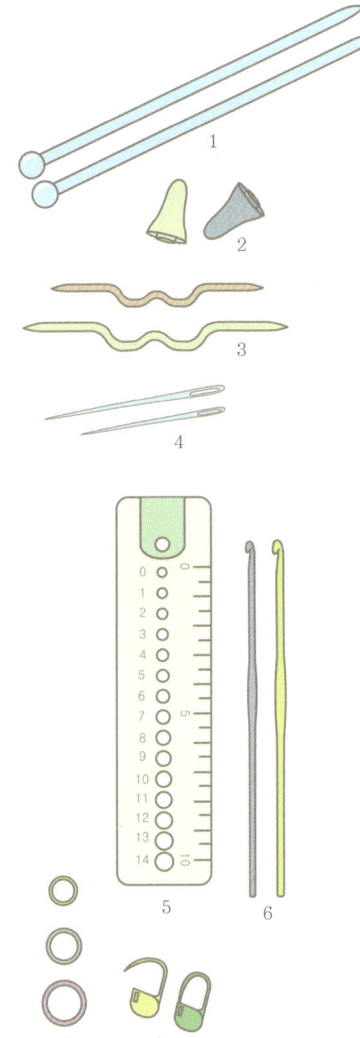

1 대바늘(막대바늘)   대나무, 경금속제, 플라스틱 등 다양한 재질로 이루어져 있으며 특히 대나무 재질을 가장 많이 사용한다. 바늘이 줄로 이어진 제품을 많이 사용하며 굵기는 0호에서 15호까지 있다. 긴 것과 짧은 것, 한쪽을 막아놓은 것이 있는데, 뒤가 막힌 바늘은 평뜨기 왕복을 할 때 사용하고 뒤가 막히지 않은 바늘은 원형뜨기(둘레뜨기)를 할 때 사용한다.

2 고무모자   대바늘 끝에 끼워 코가 빠지지 않도록 하는 데 사용한다. 뜨다 만 뜨개 조직을 보관할 때 고무모자를 꽂아놓으면 코가 빠지지 않는다.

3 교차뜨기 바늘   중간에 굴곡이 있는 교차뜨기 바늘은 플라스틱제, 금속제가 있으며 교차뜨기를 할 때 코가 빠지지 않도록 잡아준다.

4 돗바늘   두 개의 뜨개 조직을 꿰매어 연결하거나 마무리할 때 사용한다. 바늘 끝은 동그란 모양이 좋으며 털실의 굵기에 따라 돗바늘의 굵기를 달리 사용한다.

5 게이지 자   게이지를 체크할 수 있는 도구로 뜨개 조직에 올려놓고 가로와 세로를 각각 10cm씩 잰다. 게이지 자에는 구멍이 뚫려 있는데, 이 구멍은 바늘의 굵기를 체크할 때 사용한다.

6 코바늘   주로 코바늘뜨기와 레이스뜨기에 사용되며 한쪽 또는 양쪽 끝이 갈고리 모양처럼 되어 있는 짧은 뜨개바늘을 말한다.

7 코수표시링   옷핀과 링 형태가 있으며 단을 표시할 때 사용한다.

8 단수표시링   옷핀과 링 형태가 있으며 단을 표시할 때 사용한다.

❄ 초보자를 위한 기초뜨기 ❄

Lesson 1 프랑스식 코잡기

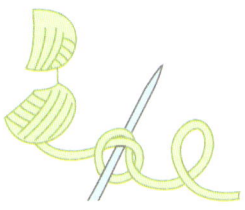

1 실타래에서 실을 풀어서 길게 실을 남긴다.
(작품 너비의 4배를 남긴다.)

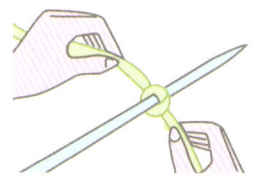

2 바늘에 한 번 묶어준다. 이것이 첫 코가 된다.

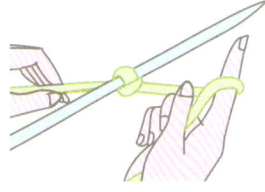

3 오른쪽 두 번째 손가락에 실을 한 번 감아준다.

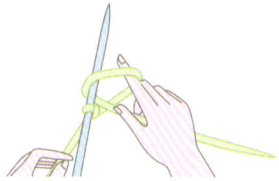

4 손가락에 감긴 실에 바늘을 찔러주는데, 손가락은 빼지 않는다.

5 왼쪽에 있는 실을 바늘로 한 번 (앞에서 뒤로) 감아준다.

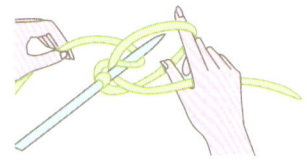

6 오른쪽 손가락에 걸려 있는 실고리를 바늘 끝으로 통과시키면서 엄지손가락을 뺀다.

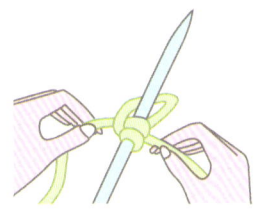

7 양쪽 실을 살짝 잡아당겨 코를 고정한다.

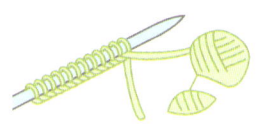

8 4번부터 6번까지 반복하여 원하는 만큼의 코를 만든다.

프랑스식 코잡기

- 프랑스식으로 코를 잡으면, 첫 단은 단수에 포함하지 않아요. 코잡은 단의 예쁜 조직이 작품의 앞으로 온답니다.
- 프랑스식 코잡기는 끝단이 덜 말려 올라가서 고무단밴드 없이 옷을 뜰 때 좋아요.

Lesson 2 가터뜨기

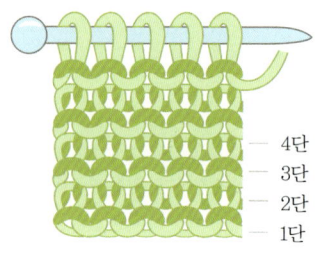

— 4단
— 3단
— 2단
— 1단

모든 단을 겉뜨기로 뜬다.
겉뜨기 2단은 가터뜨기 1줄과 같다.

겉뜨기

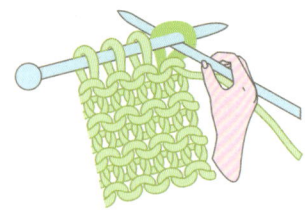

1 오른쪽 바늘로 첫 번째 코를 찌른다.

2 오른쪽 바늘에 실을 한 번 감은 후 감은 실 아래로 바늘을 뺀다.

3 오른쪽 바늘의 끝으로 걸린 코를 통과하여 감은 코를 끌어올린다.

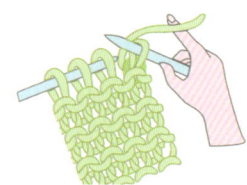

4 왼쪽 바늘에 걸린 코를 뺀다.

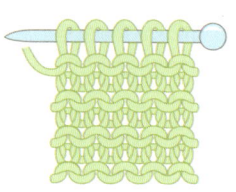

5 모든 코에 이 과정을 반복한다.

Lesson 3 메리야스뜨기

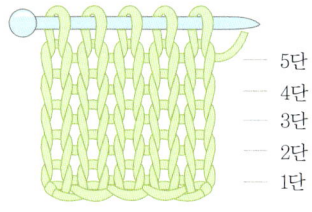

- 5단
- 4단
- 3단
- 2단
- 1단

항상 1단은 겉뜨기로 뜨고, 1단은 안뜨기로 뜬다.
겉뜨기 1단 + 안뜨기 1단은 메리야스뜨기 2단과 같다.

겉메리야스
뜨개 조직의 겉면에서 본 메리야스 조직이다. 왼쪽 바늘에 위쪽 그림과 같이 코들이 걸려 있다면 코들을 겉뜨기로 뜬다.

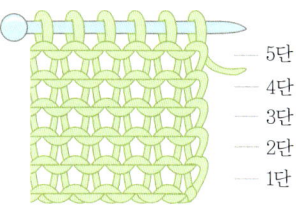

- 5단
- 4단
- 3단
- 2단
- 1단

안메리야스
뜨개 조직의 안면에서 본 메리야스 조직이다. 왼쪽 바늘에 아래쪽 그림과 같이 코들이 걸려 있다면 코들을 안뜨기로 뜬다.

겉뜨기

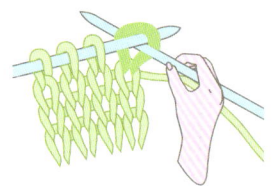

1 오른쪽 바늘로 첫 번째 코를 찌른다.

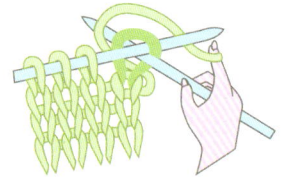

2 오른쪽 바늘에 실을 한 번 감은 후 감은 실 아래로 바늘을 뺀다.

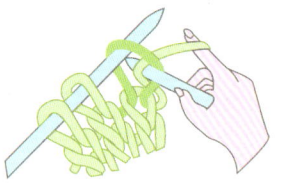

3 오른쪽 바늘의 끝으로 걸린 코를 통과하여 감은 코를 끌어올린다.

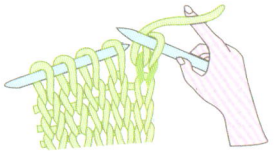

4 왼쪽 바늘에 걸린 코를 뺀다.

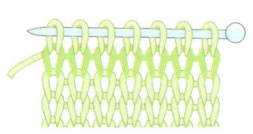

5 모든 코에 이 과정을 반복한다.

안뜨기

1 실을 앞에 놓고 오른쪽 바늘로 왼쪽 바늘에 걸린 코를 앞으로 찌른다.

2 실을 오른쪽 바늘에 한 번 감는다.

3 오른쪽 바늘의 끝이 코를 통과하면서 감긴 코를 끌어올리도록 바늘을 뺀다.

4 왼쪽 바늘에 걸린 코를 뺀다.

Lesson 4 코막기 또는 코줄이기

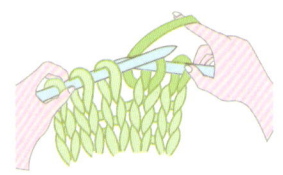
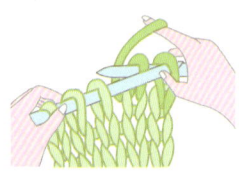

1 처음 2코를 뜬다.

2 왼쪽 바늘로 오른쪽 바늘에 걸린 첫 코를 끌어와서 두 번째 코 위로 덮어씌운다.

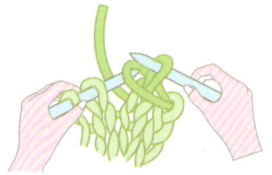
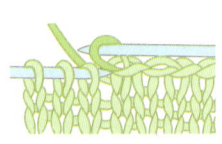
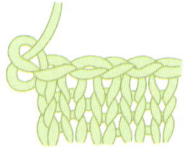

3 왼쪽 바늘을 빼면 오른쪽 바늘에 코가 1개만 남는다. 이렇게 1코 코막음 또는 1코 줄임을 한다.

Lesson 5 감아코 만들기

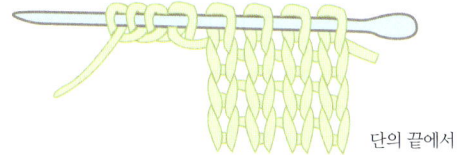

단의 끝에서

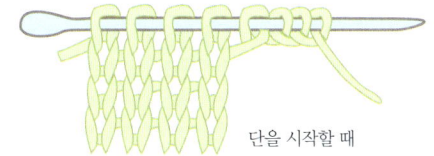

단을 시작할 때

단의 연속선 상에 1코 또는 여러 코를 만든다.

Lesson 6 쉼코로 두기

코막음 또는 코줄이기
- 연속해서 코막음하려면(코를 줄이려면), 1코만 뜨고 2번 단계로 넘어가세요.
- 모든 코를 코막음하려면, 오른쪽에 코가 1코 남을 때까지 계속하여 반복해 뜨세요. 그 후 실을 자르고 자른 실을 코 사이로 통과시키세요.

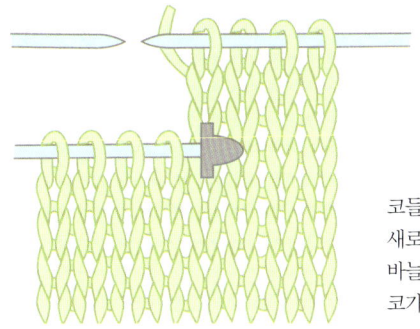

코들을 바늘에 그대로 둔 채,
새로운 바늘을 이용해 한쪽만 계속해서 이어 뜬다.
바늘막음으로 바늘 끝을 막아두어야
코가 풀리는 것을 방지할 수 있다.

Lesson 7 새로운 실 걸기

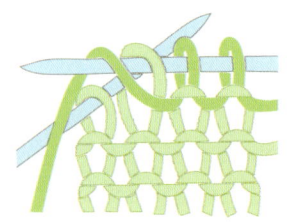

실을 바꾸는 경우 단을 시작할 때 바꾸는 것이 좋다.
실패에 남은 실이 뜨개지 너비의 4배 이하로 남았을 경우
새로운 실로 뜬다.

Lesson 8 단춧구멍 만들기

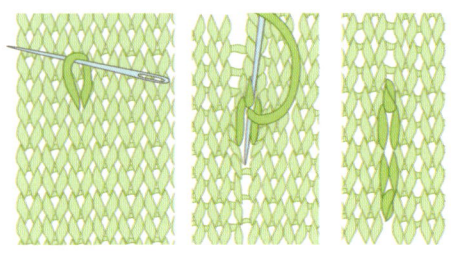

코 사이를 벌려서 단춧구멍 만들기

돗바늘을 이용해 코 가운데의 실을 끌어 올려
코 사이를 벌린 후 2단 위쪽으로 벌린 코를 고정시킨다.
아래쪽도 같은 방법으로 한다.

 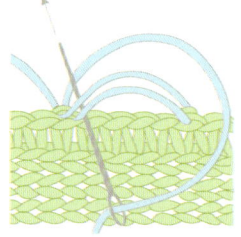 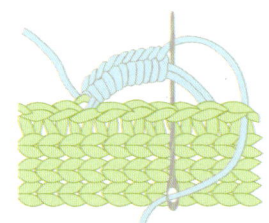

돗바늘을 이용하여 단춧고리 만들기

뜨개 조직의 가장자리에 돗바늘을 찌른다. 단추 크기에 따라 너비를 조정하여 실을 2번 통과시킨다.
실 2겹을 블랭킷 스티치로 촘촘히 수놓은 후 뜨개지의 안쪽 면에서 실을 정리한다.

Lesson 9 연결하기

실 정리하기

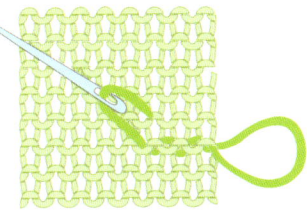

꿰매기

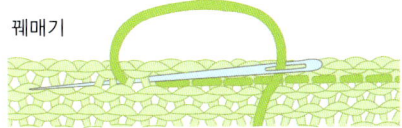

옆선에서 남은 실을 감출 때는 뜨개조직의 안쪽 면에서 코 사이로 실을 몇 센티미터 통과시킨 후 실을 자른다.

겉면끼리 마주 보도록 놓은 후 박음질하여 꿰맨다.

Lesson 10 메리야스 스티치 수놓기

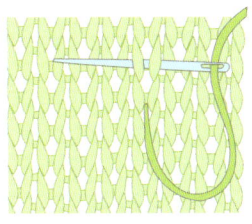 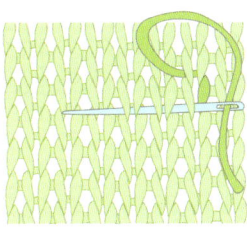 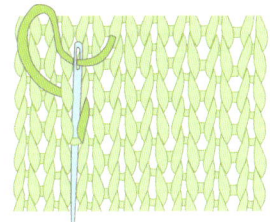

코의 가운데로 바늘을 빼서 위쪽 코 아래로 바늘을 통과시킨다.
다시 처음 바늘을 뺀 곳으로 바늘을 넣으면서 다음 코의 가운데로 바늘을 뺀다.